JN437870

2013 둥지

2013 둥지

초판 인쇄 / 2013년 11월 10일
초판 발행 / 2013년 11월 15일

지은이 / 배용파 외 21인
펴낸이 / 김경옥
편집 / 이진만 염민정
펴낸곳 / 도서출판 온북스
등록번호 / 제 312-2003-000042호
등록년월일 / 2003년 8월 14일
주소 / 서울시 종로구 관수동 154-1
전화 / 02) 303-0762, 2273-4602
팩스 / 02) 303-2010, 2274-4602
전자우편 / bjs4602@hanmail.net

ISBN 978-89-92364-27-0 (03810)
* 잘못된 책은 바꾸어 드립니다

2013 둥지

국제문예 **대·표·문·인** 선집

온북스
onbooks

네 번째 만남, 큰 글의 창작을 위한… "둥지"

— 시와 수필 · 소설 그리고 문학의 길 —

뜬 눈으로 지새우는 새, 새는 산란(産卵)의 고통, 포란(抱卵)의 따뜻한 어미 사랑을 안고 비상(飛翔)한다. 우리는 《국제문예》란 어미새의 사랑을 안고 큰 둥지에서 만나 큰 굴, 둥지에서 문학의 산란과 고통, 시의 바다, 수필의 바다, 소설의 바다와 해, 하늘, 별, 나무, 달, 자연, 사람, 우주를 껴안고 영혼의 숨결로 우주 끝까지 상상과 직관, 영감(靈感)과 영혼의 나래를 편다.

이승의 어두운 곳을 밝히는 영혼의 등불을 켜들고 연꽃밭, 연꽃향기 가득한 달빛여행, 별빛여행으로 오체투지의 전력투구로 글밭을 간다. 초월(超越)의 강과 산을 넘어 피안(彼岸)의 기슭으로 둥지를 털고 일어나 새로운 길을 열어 촉수(觸手) 돋은, 촉수 높은 언어의 강을 건넌다.

둥지를 털고 일어나는 네 번째 목소리. 비상(飛翔)의 새는 영혼의 바다, 언어의 달빛, 바다 별빛, 바다를 건너가는 우주(宇宙)의 언어다.

우리의 "둥지"는 《국제문예》를 중심으로 한 뜻 있는 문인들이 모여 동인이 되어 지난날

“군두쇠”로 “달빛여행”으로 “둥지”로 “둥지”를 이루어 간행되었다.
생명의 노래, 영혼의 노래 존귀(尊貴)한 삶의 노래들이다. 정자(程子)의 추상열일(秋霜烈日), 추풍화기(秋風和氣)에서처럼 찬 서리와 뜨거운 햇빛, 봄날처럼 따뜻한 기운을 담은 둥지 속에 살고 있다.
빛나는 언어와 함께 사계절 낮이나 밤이나 문학과 영혼의 갈무리를 하고 있는 《국제문예》란 둥지 속에서 우리는 영혼을 모으고 영혼으로, 글로써 산다. 둥지 속, 글, 둥지 속에 빛나는 만남의 영혼, 우리의 문학, 우리의 입술, 영혼을 적시는 새 생명의 나래 깃이 비상(飛翔)하고 있다.
지난해의 세 번째 “둥지”는 경향각지에서 소진(消盡)되는 등 큰 반향(反響)을 일으켜 문단의 주목을 받았다. 우리 큰 둥지의 둥우리를 지어 주신 《국제문예》 배용파 발행인과 참여 해 주신 문인, 글벗들이 “둥지” 속에서 일으킨 쾌거였다.

둥지 속 빛나는 우리의 기쁨, 우리 영혼의 입맞춤, 햇빛, 달빛, 영롱한 별빛으로 모인 우리의 맑고 고운 영롱한 영혼의 빛이 또 한 번 우리를 비추어 주는 빛이 아름답고 영롱하게 빛날 것이다.
글 가꾸는 둥지의 마음을 푸른 하늘처럼 푸르게 영원히 비추어 줄 것이리라.

시인 · 문학박사 **박 해 수**

차례

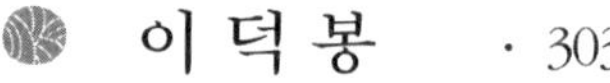

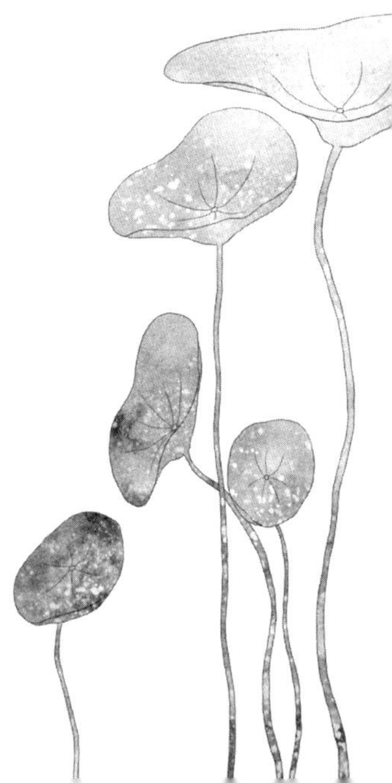

강성수

경북 선산 출생, 아호는 태로(太爐)
원광대 치대 졸업(치과교정학 박사)
목원대학교 이사, 재전 부산고 동문회장
<국제문예> 시부문 등단
현) 물방울 치과 원장

바람의 꽃

누군가
보고 싶어
그리움이 쌓이면
꽃으로 피어난다

아무도
보아주지 않아도
스스로의 설움에
꽃으로 피어난다

꽃을
바라보면
처연한 슬픔을
안고 있는 듯하다

꽃은
말을 할 수 없어
지나가는 바람이
말을 건넨다

꽃은 바람으로 자란다

하 늘

마음이 울적하면
도시를 떠나
시원한 바다로 가자

수평선을 볼 수 있고
넘실거리는 푸른 물결도
볼 수 있다

도시에서
바다를 볼 수 없으면
하늘을 쳐다보자

바다보다
시원하지는 않겠지만
넓기는 마찬가지가 아니냐?

바다나 하늘이나
우리들 마음을
달래주는 건 다 같다

푸른 하늘을 바라보며
우리 살아 있음에
고마워하고 감사하자

연애

꽃도 가고
바람도 가고
너도 가고
나도 가더라

미움도 예쁨도 사랑도 다 가더라

가고 나면 남는 건
백년 후
흙덩이 뿐
인생은 아름다워라

돈도 시들
사랑도 시들
눈물도 시들

다 시들 시들하더라

그래도
인생은 언제나 아름다워라

노랑버찌

노랑, 빨강, 깜장 우리는
한 나무에서 자란 자매들이에요
벚나무는 우리 아빠 엄마이름이구요
우리 자매는 버찌라고 해요

큰 언니는 깜장이구요
둘째 언니는 빨강이구요
나는 노랑이구요

내 동생은 초록인데요
아직은 어려서
눈에 잘 보이지 않아 말할 수는 없지만
자세히 찾아보면 그래도 찾을 수 있을 거에요

눈 크게 뜨고
한번 찾아보시고 나한테 가르쳐주실래요?
초록 동생을 찾아 주면 엄마가 기뻐하시고
나도 덩달아 기분이 좋아질 거에요
어디 꼭! 한번 찾아보셔요

우 정

고등학교를 졸업하고
35년 만에 친구를 만났다

학교 다닐 때 짝꿍도 하고
친하게 지낸 친구였다

처음 1분 정도는
조금 어색했다

그러나
그때 그 시절로
돌아가는데 채 2분도 걸리지 않았다

35년의 시간차를
그 녀석이 금세 녹여주었던 것이다

둘 사이에 아무 것이 없어도
그 녀석은 살아있었던 것이다

꽃봉오리

아침에
이슬 머금고
보이지도 않더니

점심에
아주 예쁘고
아름답게 피었더구나

저녁에
꽃잎 닫아도
아침과 다르지 않네

내 마음의 그림

– 내 친구 김 화백 추모 1주기

눈을 감고서
안방에 걸려있는
50호짜리 김화백의 그림을 본다

그림에는
동그란 마당이 있고
동네를 둘러싸는 길에는
소나무들이 푸른색으로
동그랗게 그려져 있다

소나무가
크고 작게 한 30그루쯤 있는데
포근하고 따뜻한 정경이 펼쳐진다

그림 아래로
길게 난 호수에 떠있는 작은 배가
한 곳에 묶여있는 것을 보면
대청 호반 근처에서
화구를 펼쳐놓고
그린 그림이 아닌가 한다

허! 허! 이 친구 어디 갔나? 했더니
자기가 그린 그림 속의 나라로 가버렸군!!

180이 훌쩍 넘는 키
은백색 머리카락에 바바리코트 걸치고
사람 좋은 웃음을 날리며
나를 찾아오던 그 모습이
눈앞에 곧 보이는 것만 같네

"이 친구야! 그래 내가 너 사랑한다!"
나한테 이 말이 꼭 듣고 싶었지?

그래도
나는 아직도 그대가
못내
그립다

삶

친구야!

거미줄 친 것 마냥 눈이 침침하다고?
이가 하나씩 흔들린다고?
귀도 들리는 것이 시원치 않고
머리카락도 쉬 빠지고 눈가에 주름도 진다고?
화장하고 예쁘게 요모조모
멋을 내고 가꾸어도 젊은 날만 못하다고?
허나 본래가 그렇게 허망한 것을 어찌하겠느냐?

어디 몸만 그러하냐?
돈을 모아 축재를 한들 그것이 무어 그리 대수냐!
어리고 어린 날에 딱지치기하여
책상서랍에 묻어두고 기뻐하던 일과 무엇이 다르냐?
명예나 권력이나 부귀영화가 그리 대수냐?

너나 나나 밤하늘에 무수히 떠있는 별 중에 하나라
거리를 질주하는 수많은 자동차 중에 하나려니
소중한 이 한 몸도 특별한 것이 아니었구나!
군계일학으로 뛰어나다 으스대려 하지마라.

판, 검사가 되어 명예를 얻게 되면
오로지 네 참(眞)만을 위하여 살아가라!
네가 왕후장상이고 천하를 거머쥐었다 한들
시간은 그렇게 너를 데리고 무심하게 가는 것이니

살아있을 때 끊임없이 사랑하고
후회하지 않도록 도와주고
숲속 옹달샘의 맑은 물처럼 티 없이 살라!

오호라!

강물처럼 말없이 도도히 흘러가는
세월의 무상함이여!
툇마루를 따스하게 비추다 사라지는
짧은 봄볕의 덧없음이여!
생명을 사르는
사랑의 허망함이여!

꽃이야!

세상에 있는
사연을 담아내려고
요모조모 다르게 핀
꽃이야!

말 못하여
삭힌 세월만 가지고
얼굴을 내민
꽃이야!

말 못하는
답답함으로
이토록 아름답게 핀
꽃이야!

알 수 없지만
네 모습을 보고
답답함을 알 것 같은
꽃이야!

말 못해도
적이 알 것 같으니
이제 그만 편하게 피어라
꽃이야!

너의 냉가슴으로
깊은 밤 엎치락뒤치락
나까지 잠 못 들게 하는
꽃이야!

바 람

바람은 늑대가 일으킨다
갈기를 세우고 달려가는 늑대는
공기도 같이 몰아간다

북극에도
남극에도
사막에도 늑대는 있다

지구 곳곳에 있는
늑대 때문에
바람은 여기저기서 일어나고
곳곳에서 재해가 일어난다

토네이도 같은
소용돌이 바람은 없었으면 좋겠다
집도 나무도 사람도
그만 다쳤으면 좋겠다

예전보다
늑대는 많이 줄었는데
바람이 더 거세어지는 것은
무슨 연유인지 알 수가 없다

구성원

충남 서천 출생
단국대학교 대학원, 총신대학교 대학원 졸업
초등학교장, 충남노회 장로회장 지냄
〈국제문예〉 시부문 등단
(현) 한국문인협회 시분과 회원
시집 『둥지』(공저) 外

잠결에도 손주는 글을 쓴다

一, 二, 三, 四, …
月, 火, 水, 木, …
일곱 살 난 손주
제법 큰 소리로 자랑스럽게
읽어오다가
어느새 목소리 작아지며
엎드려 잠이 들었다

東, 西, 南, 北, …
父, 母, 兄, 弟, …
꿈속에서 쓰고 있는가
곰지락 곰지락
예쁜 손가락이
글 쓰고 있다

가을

얼룩, 얼룩
무심했던 여름

미안하고
부끄러워
꼬리를 감추고 있다
조용히 왔다가
아무도 모르게 떠나고 싶어
머뭇거린다

서성이다 잠시 후엔
떠나고 마는 가을

배 려

나뭇가지는 남의 손으로
베어져 떠나고

사람들은 자신이
등 돌리고 떠난다

나뭇가지를 아프게 하지마라
사람에게서 돌아서지 마라

베어진 가지의 아픔을,
보낸 마음을 생각할 일이다

어쩔 수 없는 베어짐일지라도
말없이 떠나야 할 아픔일지라도

베어진 가지의 아픔을,
보낸 마음을 생각할 일이다

우선순위

망망대해에서
표류하고 있는 사람은,

깊고 깊은
산속에서 길 잃은 사람은,

어둠의 공포가 사방을 둘러 있어도
절망하지마라

두려움 속에 갇혀 있어서는 안 된다
절대고독의 물결을 넘어서
우왕좌왕 하지마라

자기위치를 확인할 일이다
우선순위를 생각할 일이다

언덕길

언덕길 오르며
발자국 따라
묻어나는 그리움

언덕길 내려오며
맴도는 아쉬움
그 아쉬움

너 때문이다
나 때문이다

울고 있는 허수아비

들판의 허수아비가 울고 있다
앞자락 다 젖도록 울고 있다
계절이 바뀌어도
갈아입을 옷이 없어 우는 것 아니다
낯선 번호판 승용차 손님 말을
엿들어서가 아니다
지난 이른 봄
서울 며느리 따라나서며
몇 번이나 몇 번이나 돌아보며
떠난 눈길이
아파트 창문 밖으로
흐르는 구름
바라볼 것 같아
들판의 허수아비가 울고 있다

가시나무새

길고 날카로운 가시를 찾아 날아 헤매이며
천년을 기다려, 천년을 기다려
한 번, 단 한 번
노래하는 가시나무새

그 진한 핏빛의 노래를
처음으로, 마지막으로
아름답게 부르는
슬픈 가시나무새

스스로 가시에 찔려
쏟아낸 피로
고통의 처절한 기다림을
온 몸으로 온 몸으로 노래하는
가시나무새, 가시나무새,

작은 꽃 하나

지천으로 피어 있는
봄꽃 들판
그 한쪽에
수줍은 듯
숨어있는 작은 꽃 하나

세상에 나온 것이
죄스러운 듯
햇볕보기 미안해
숨어있는 작은 꽃 하나

비에 젖고
바람에 흔들리며
꽃 피우다가
한철 지나면 떠날 작은 꽃 하나

겨울 낙엽

봄부터 쓰여진
빛바랜 엽서

매달리다 매달리다
놓아버리고
놓아버리고 흘러가다가
서편에 펼쳐진
망둥이 뛰는 냇가까지

돌아 돌아
찾아 읽혀지면
이제는 잊혀져도 좋은
황토빛 엽서

나비, 부활의 아침에

꽃망울 사이로
화려한 날들의 꿈은
비상飛上하는 새로운 몸짓으로 바쁘다

생명生命의 대지大地 위에
혼자인 외로움 헤아리며
몸치장을 바꾸는
기다림의 긴 침묵沈默을 배웠다

노란 꽃,
흰 꽃에게 귓속말 들려주면
꽃잎은 웃고

감격스러운
부활의 꿈에 눈이 부셨다
소망의 아침이 밝아왔다

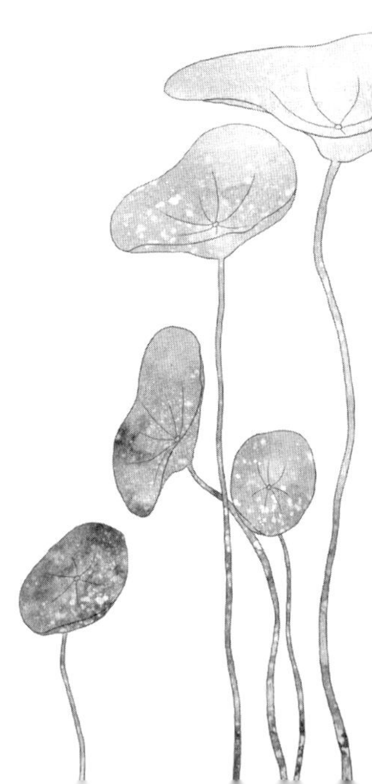

김우식

경남창녕, 한양대학교, 현대시문학
현대시문학 고문, 국제문예 경남지회장, 21c문협 부회장,
숫대문학 추천시인
2008년 미당백일장 입선, 2012년 임화문학상 수상

베개

딸은 시가에
아들놈은 처가에
추석 밤
나 혼자 뿐이네

그저 당신 생각에
눈물만 흐르네

당신이
남기고 간 베개
오늘 밤
고이 곁에 두고 자야지

깃털

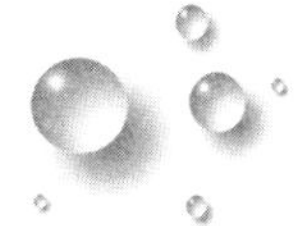

예쁜이 외손녀
웃음을 잃었네

맛있게 먹어
표정없이 먹기만 하네

해맑던 딸모습
백합꽃 피부, 생기가 없네

아이고!
바보 가시네야

짝 기러기 빼앗기고
숯덩이 된 심장 어떻게 살래

기죽은 새끼 위해
무릎 꿇고
깃털이라도 붙잡아야지

파랑새

님은 03. 6. 9
파아란
하늘로 날아갔소

갈밭으로 도망
영원을 약속했던
68. 12. 21 첫날밤

꿈결같은 35해
주마등
종점에서

내 영혼에 조각 되어
지울 수 없는
님의 영상

살아온 숨결 속에
님이
얼마나 소중한 존재인지

저며오는 그리움에
나홀로
가슴 찢기는 나날들

나와 님 사이
징검다리
끊어졌지만

아……
애달픈
내 사랑

파아란 눈물 고이어
님 곁으로
강물 되어 흘러흘러

오늘도
파랑새 되어
내 님 곁으로 날아가리

오 - 주여

나는
숨 쉬어도
죽은 몸이요

오늘도
당신이 보고파
종일을 허우적거리며

하루하루
참으로
고통과 혼란이네

나를 맴도는 당신의 숨결
아지랑이 피며는
나의 호흡은 멈추고

오늘도
당신이 보고파
더 잘할 걸 눈물만 흐르네

여보!
어떻게 이런 일이
나 홀로 두고
당신만 갈 수 있소

오-주여!
나를 부르소서
꿈속에 아롱진 아내 모습

머언—
발치라도
보게 하소서

그림 같은 집

나의 하루는
당신의
발자취 따라 살아갑니다

아침에 일어나
당신과 함께 자던 이불
개어서 벽장에 넣습니다

세수 하고
방에 와서 당신 사진 보면서
당신 빗으로 머리를 빗습니다

차를 몰고 어린이를 태우러
들판의 오솔길을 달리면서
당신이 좋아하는 음악을 틀어봅니다

어린이집에 도착하여
당신이 앉아 있던 책상
손때 묻은 물건 만져 보면서
당신 액자 바르게 정돈합니다

당신 생각하며 뿌려놓은 씨앗
나팔꽃이 많이도 피었습니다
당신이 즐겨 부르던
〈아침에 피었다가 저녁에 지고 마는
나팔꽃 같은 사랑아~~〉

나의 사무실에 출근하면서
손자와 찍은 당신 사진
쳐다봅니다
그리고 하루의 일과를 시작합니다

오늘은 일찍 퇴근하여
고암, 옥천 골짜기를 갑니다
이곳저곳 땅을 둘러봅니다

당신이 평소에 원했던
그림같은 집을 지어보고
오순도순 당신과
이야기 하는 것을 상상해 봅니다

해가 서산에서 집니다
당신 없는 집에 가기 싫습니다
뜨락산장에서 음악을 들으면서

당신 생각에…
소주잔을 기울입니다

자정쯤에 집에 옵니다
당신이 남긴 베개를 안고
잠을 청해봅니다

피 같은 졸업

오늘은
손자 졸업 날
아무도 오지 않네

하얀 피 손서방
알밤 새끼 버리고
어디서 단꿈을 꾸나?

봉선화 딸
가슴 터져
응급실에 누워 있고

나 홀로
꽃다발 들고
손자에게 갔소

여보!
아들, 딸, 손자
못 챙겨서
정말 미안하오

봉선화 새끼들
무슨 죄가 있나
이 일을 어떻게?

뒤 돌아서면서
왜 그렇게 피눈물이 나는지

기창이

생일을 축하한다
외할아버지가
기창이 사랑하는 것 알지

아버지와 엄마가 헤어져
가슴이 너무 아파
밤마다 기도 한단다

기창이도 아버지 위해
기도해야 한다

기창아!
아버지 없어도 공부 잘하고
친구에게 기죽지 말아야 한다

불쌍한 엄마에게 효도하고
기영이형 해빈이 동생도
사랑해야 한다

기창이 소원인
파일럿 할 수 있도록
할애비가 꼭! 해줄거야

원기

내 사랑하는 장손 원기
할애비 죄로 장애아로 태어났구나

할애비 알아보고
웃는 원기 모습 천사와 같구나

할아버지 할아버지 불러 봐
할, 할이라고 소리 내어 봐

밀림의 왕자 타잔같이
우우 – 소리 질러 봐

할애비 좋다고
얼굴 만지작거리지만
내 목을 껴안지도 못하는 구나

네 할머니 하늘나라 간 지 4년
원기 나이도 네 살이 되었구나

오 – 주님!
이 홀애비를 불쌍히 여기소서
이 놈의 죄를 용서해 주소서

원기, 우리 원기를 사랑해주세요
눈물로 엎드려 간구합니다

그런 직장

피 같은 손자 덕에
늦깎이 직장이 생겼습니다

새벽밥 먹고
산타페에 태워 출근합니다

쳐다보면 빙그레 웃고
도착하면
맑은 호수같이 잠자고 있습니다

커피 한 잔 마시고
워밍업하고
하루일과 시작합니다

그놈이 웃으면 웃고
울며는 가슴에 눈물 고이고

웃다가 울다가 보면
벌써 퇴근 시간입니다

손자 덕에
웃고 우는 그런 직장에
다니고 있습니다

할애비 소원

무당거미는
자기 엄마 살 갉아 먹으면서
자라난다는데

원기도 할애비살
갉아 먹으면서
말도 하고 걷기도 했으면 좋겠어

할머니 하늘나라 갔고
원기도 뇌성마비 장애아로 있으니
할애비는 이 세상 살기 싫거든

거미 새끼처럼 갉아 먹어봐

우리 원기가
산토끼처럼 뛰놀고
할, 할아버지 소리치는 날

그날이, 할애비 천국이야

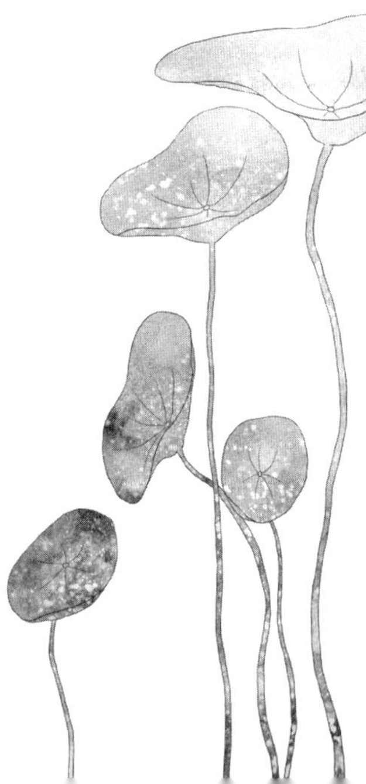

김창준

국가공무원 봉직
제14대 대통령 선거대책위원 역임
통상산업부 한미통상민간위원, 대학특강 교수 등 역임
<국제문예> 시부문 등단
(주)뉴테크 대표이사, <국제문예> 재정이사

자 유

민주주주의 내면은 진정한 자유가 아니다
이것은 이데올로기와는 다르다
갇혀 있다고 생각하는 것은 자유다

군주시대에도 자유는 있었다
갇혀 있다고 보는 것은
유교적 측면이 무척 많다

종교의 자유
행동의 자유
생각의 자유
생활의 자유
자유의 일정한 규범속에 있다는 것은
진정한 행동의 자유다
이상과 현실
현실을 모르는 자유는 유한성이다
이상과……………현실 사이
넘을 수 없는 벽은 인간의 근원적 한계다

"푸른 해원을 향하여, 이념의 푯대 끝에"
펄럭이는 깃발은
소리 없는 아우성일 뿐,
진정한 자유가 아니다

아침이 없는

아침이 없는 거리다
폐허의 공허함이 맴도는 거리는
밤이 되어서야 기지개를 켠다
삼삼오오 모여 내일이 없는 것처럼
술을 퍼마시는 사람, 몸을 가누지 못하는 여자,
부축하는 남자의 눈빛…
아침을 작두로 싹뚝 잘라낸 절단면을
그들은 보지 못한다
이성(理性)이 낡은 스타킹처럼 벗겨져있는 그 거리를,
낡은 쓰레기차 한 대 덜덜거리며
지나가고 있다

내 면

「나무 그늘에도 뼈가 있다
그늘에 셀 수 없이 많은 구멍이 나있다
바람만 불어도 벌어지는 구멍을 피해 앉아본다
수족이 시린 저 앞산 느티나무의 머리를 감기는
곤줄박이는 나무의 가는 모근을 모아서 집을 짓는다
눈이 선한 저 새들에게도
바람을 가르는 날카로운 연장이 있다
얼마 전 죽은 곤줄박이에 」

가향

내 안에
그대를 담았네요

그러다가 외려
가두고 말았네요

아니에요 아니에요
정작 갇힌 건
나 자신이네요

아니외다 아니외다
정말 아니외다

네가 갇힌 게 아니라
내가 갇힌 것이외다

강물처럼 출렁이는
널부러진 사내를
네 안에 쓸어담아 주었네

미련한 놈

결강이 많다
몸에 멍이 든다
"그래가지고야 졸업하기 어렵겠구만"
오늘의 결석을 위하여
조금만 더 결석을 하자

문학 특강 들으러 가야하고
레포트 발표 해야하고
시험땜에 밤잠 못자고
학점 모자라 계절강의 들어야 하고

기계수리 땜에 못가고
외상수금 가야하고
직원 속사정 듣다보니
늦어서 못가고
그래도 너는 학생이니까

나는 네가 하는 짓이 헷갈릴 때가 많다
너가 보는 세상은 분명 두 개다
“세브린너”의 이중생활이 그리울 게 분명하다
김수영 전집 위에서 곡예를 한다

일요일부터 일요일까지
돌아가는 톱니 위에 수차돌리 듯
월요일에서 월요일까지…

형산강(兄山江) 抒情

별빛은
푸른 강물을 향해
조금씩 흐르고 있을 뿐
그것이 꽃이 되리라는 가능성은
아무도 모른다

단비를 기다리며
또 다른 가능성을 토해 낼 뿐
온통 이슬로 지고 마는
정할 수 없는 것들을 이야기한다
얼음처럼 투명한 기억과 자유, 바람,
흐르는 안개, 하얀 메밀꽃, 풀잎의 이슬, 까만 조약돌
별빛 쏟아지는 은빛 찬란한 강길을
달빛에 홀리 듯 걸어간다

영일만 抒情

가을햇살
붉게 익어가는 과원은
분명 우리들의 결실이다

아직도 파란 잎사귀
반 쯤 내민 얼굴 추억처럼 아름답다
바람만 불어도 수줍은 듯
빨간 능금들은 숨바꼭질한다

강뚝 노란 탱자들은 보석처럼 달려있다
가을비 내리고 바람 부는 날
노란 금빛 방울들은 어디론가 사라져 버리고 만다
그것은 분명히 우리들의 손실이다
쓰러질 듯 까만 굴뚝엔
꿈처럼 연기가 피어오른다
바람에 실려 내 마음 따라 흐른다

어머니의 저녁 짓는 소리
언덕 저 편까지 바람을 타고 내 얼굴에 와닿는다

강물은 앞서거니 뒷서거니
영일만 저 바다를 향해 꿈을 안고 흐른다

삶

삶이란 무지개를 잡으려 떠다니는 것

네가 너를 사랑한다면
소낙비가 내리기를 기도하라

현란한 무지개는
저 깊은 강물 속으로 던져버리고
다시는,
너에게로 찾아오지 않으리

보라!
아침해가 도시와 숲과 사막까지도
훤히 비추고 있지 않는가

인 연

너는 천 사십년
나는 천 육십년

후

그 위에서 지구가 멈추는 시간
그 사이는 너무 멀다
여송연을 피우며 애써 나를 기다리지 말라
비 젖은 강(江) 끝에 우리는 헝클어진 긴 실타래가 되어
잡히지도 않는 연기처럼 하나가 되어 있을께다
또
천년의 세월이 지난 뒤
너는 까만 드레스를 입고
그곳에 앉아 실타래같은 연기로 이야기 하고 있겠지
아물거리는 연기를 잡으려고 애쓰지 않아도 된다
놓치고 싶지도 않다
하나 둘 내리는 빗방울은
소금쟁이 등에서 흘러내린다
네 눈망울에서도 흘러내린다

류병률

대구광역시 출생
경북대 졸업, 캘리포니아 주립대학 경영대학원 수료
<국제문예> 시부문 등단, 한국문인협회 회원
(사) 정수회 중앙협의회 이사장 (현)
(사) 대구 · 경북 오페라 진흥회 고문 (현)
<국제문예> 대구광역시지부 고문
저서 『위대한 영도자 』, 칼럼 『나는 문학을 이렇게 본다 』 외

덧 없이 가!

덧 없이 가!

차고 짠물에 더 지체 말고
대양이 가슴에 타는 해변에 누워서
귀 속에 담은 생활감정 해파에 잊고
이렇게 시계 없이

한 없이 가!

길고 딱딱한 모래바닥 위에서 지체 말고
지구를 안아보는 대양으로
뱃머리에 앉아 낮은 꿈속에 해경을 보며
인간세를 멀리 떠나 혼자 떠나는
사자(死者)같이 영원한 약속 없이

꿈 없이 가!

찌고 삶는 갈등 속에 지체 말고
해수를 송두리째 받고 혼자 누운 축대위에
오직 머리에 담은 꿈을 연장하려고
그러나 몰려드는 욕정 속에 일어나…

운 석(隕石)

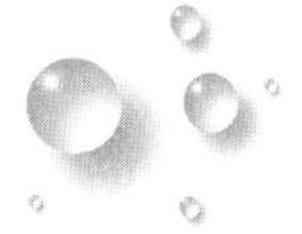

세 번 돌아도
시원치 않는 길

다리목 두 번
떨어지던 날은

바람 사납게 일고
뱃사공 삿대마저 뿌러지고

별빛 없는 밤에
운석이 떨어지던 소리

귀 기울인 장님의
막대 끝에 세월은 늙어가는가…

작품 F

나는 걸어간다 어딘지 알 수가 없는 거리
가로수마다 나를 부정하는 비가 오고…
바람은 갈래갈래 새파랗게 웃으며
나를 스친다

시간이 없는 위치에 시인이 옷을 갈아
입는 쇼윈도우 앞에
나는 대면한 사람 없이 검게 흩날리는
꽃잎을 본다

모래 같은 오후면 낱낱이 익어가는 다윈 방정식의
의미는 눈초리 싸느랗게 초점 없이 웃는데,

어딘지 모르게 장마가 지면 공간에 붙는 노래는
사죄하는 표정으로 반원을 그리고,

후회가 없는 거리 나는 이곳을 탈출하지 않으면
안 될 아무런 이유도 아직 발견하지 못 하는가

진열장의 인형이 원무를 추며 교태를 던지는 곳
높다랗게 예술은 걸터앉아 바람을 맞고,

어깨가 없는 사람들이 오가다 떨어트린 자신을 찾아
흩날리는 표정따라 걸음이 여위는데 끝없는 거리
나는 걷고 있다

어디쯤
은사에 덮인 강물에 얼음이 깔렸을까?
이 거리가 끝나는 곳에서 나는 나의 포켓에서 여태껏
질기던 목숨을 끄집어 내 볼까나

서기 二000년

또 다시 흔들리는 계절
나는 나의 애인처럼 거울을 본다

어제와 연결된 지점
바람은 한 점
떠돌이 별의 고향

소녀를 생각하면
갑자기 외로워진다

(나는 벙어리)

내일은 오늘처럼
하품을 하나

M에게!

그대
지금 무엇을 하뇨

이 밤!
외로움이 쌓이는 적막한 심야에
나는 그대의 자화상을 그려본다

그대가
내 곁에 있을 땐 내 마음 저 창공을 나르며
고향을 찾는 철새와 같이
나는 내일을 위한 설계를 그려 보네

그러나
그대가 내 곁을 떠나버리면
나는 허공을 방황하는 짝 잃은 기러기가 되어 버리겠지

그대는
지금 무엇을 하뇨

이 밤!
외로움이 쌓이는 적막한 심야에
나는 그대의 자화상을 그려 보네

人 生

人生은 고달픈 여정
그러나 환희도 있다네

그 많은 고통과 고난의 세월을
내일을 위해 참고 뛰어가리

불꽃 튀는 가슴을 활짝 열고
한없이 영원한 나래를 펼쳐 나가리

사랑은 진정 고귀한 생명체
우리 모두 다 함께 손에 손잡고
내일을 향해 달려 가보리

소 망

사랑은
나의 결점인가 장점인가

도시
감출 수가 없구나

사랑은
나의 인생에 패배자로 몰고 가고

한 번도
완전한 사랑의 탑이 없다

사랑은
나의 결점

그러나
결코 내 인생의 사랑을 포기하지 않으리

슬픔 날개

상처 난 만큼
날 수가 있다

산산조각 난 자신은
끝장인가 싶으면
끝장난 그 만큼
날 수가 있고

아픔과 슬픔의 명암은
쓰러져 버린 나의 사랑

공간을 메워버린 크나큰 날개
날아오르는 그 힘을 보면
죽어버린 것처럼 쓰러져버린
나의 그 깊은 상처
난
그 깊이를 알 수가 있다

소학재찬

山이 그윽하메 고요도 고요한 집
구름이 몰려와 뜰에서 머물러 졸기도 하네
여기 우뚝 솟은 소학산 주령 마지에

웅비와 장엄한 자태로서
그 무엇을 지킬 듯 위엄을 지닌 집

아~ 이곳이 바로 文化柳氏 터전 소학재구료
지는 해 푸른 이끼들을 비추듯이
후손들의 숭조심을 길이 지켜주소서

물망초

- Forget me not

물망초!
나를 잊지 마세요

석양의 황혼을 담뿍 받으며
목동도 마을로 내려간지
이미 오랜
어느 호젓한 시냇가

가없이 흐르는 물줄기를 보노라면
조용히 내 앞으로
클로즈업 되어 오는
멋진 추억들

그러나 지금은
호올로
쓰디쓴 독백을 마시며 고독해야 하는
삶의 한 순간

물망초! Forget me not
"먼 훗날에도 나를 잊지 말아 달라고…"

박종승

경북 군위 출생
신라 오릉 보존회 지회장
<영남일보> 독도문예대전 시부문 특선, <아세아문예> 신인상 수상
<국제문예> 시부문 등단, <국제문예> 대구광역시지부 고문

소춘(小春)

가을볕이 두꺼워
계절의 순리 잠시 잊은 듯
추수 끝난 그루터기에
봄이 싹트고 있음이란…

떨쳐버릴 수 없는
뜨거운 열정으로 점철된 미련에
아쉬운 그리움 남았거든
빈 들판 끝자락에 서서
지평선 넘어가는 계절을 보라

내 삶의 일상으로
잊어버린 것 중에
그처럼 계절을 잊은 적 있어
그게 나를 안고 쓰러지던 것을

가을과 겨울 사이 잠시 찾아오는 봄
이젠 소춘을 눈으로, 맛으로 즐기며
가끔은 시계를 자연의 시간에 맞추고
오묘한 자연의 익살스런 위트
천연스레 생각하며 즐기노라

늦가을의 서정

어느 날 문득
찬바람 불어오니
푸르던 계곡마다
물소리 잦아든다

보이지는 않아도
속절없이 왔다 가는 시간
홀로 남아 숨어있는 가슴 속에
가시처럼 파고드는 회한들

아무도 볼 수 없이 끊어진 길
인적 없는 곳에 홀로 던져져
다시 돌아올 날 기약하고
떠나는 영혼들과 함께이고 싶다

소리도 없이 시시때때 시들어 가는 잎새들도
바람에 떨어져 뒹구는
낙엽들에겐 미안하구나

어느 올레길의 겨울 서정

세한 칼바람에
만상이 여윈 겨울
솔잎 밟히는 황토길은
물길 따라 굽이굽이

알싸한 설국의 풍경은
순결한 향기처럼
내 마음 깊은 곳에
청량한 바람이어라

물과 돌
그리고 나무와 빛은
서로 만나 보듬으며
또 다른 생명을 품노라니

어느 신선이 거닐었을
미지로 이어가는 이 길
하고많은 만년 세월도
망설임 없이 쉬이 가겠네

고향 마을

발밤발밤
돌담길 걷노라면
먼 조상님이
말을 걸어오는
집들 속의 집

바지랑대
날개 단 듯
향기 나는 봄 햇살에
눈부시게 하얀 빨래가
소박한 마당

툇마루 추녀 아래
멀리 세월 잊은 공산은
낮달 머리에 이고
꽃잎처럼 피어올라
하늘까지 한 폭이네

정겹도록 어설픈 대문마다
입춘대길
건양다경
이곳에 사람이 산다

산사의 공양간, 공양

쌀쌀맞은
하늘과 땅 사이
누워 불어대는 바람
날선 눈보라 몰아와도
아궁이에 삭정이불로
밥 짓는 부뚜막이 거기에 있었네

무쇠솥 하얀 숨소리는
싸늘히 식어버린
썰썰한 마음을 데우고
이글거리는 삭정이불은
세한에 얼어버린
까막까치 울음소리도 녹이는구나

엄숙함이 가이 없는
고요한 침묵 속에
하늘세계를 담은
오롯한 밥 한 그릇
그 따끈한 온기는
한없는 평온의 은혜여라

밥주발 앞에 마주앉은
초연한 수행자의 풍경
감히 그 앞에 선 나는
이 세상 가장 청빈한 곳에
슬그머니 기어든
아둔한 도적이었네, 허허!

메밀꽃 피는 봉평에는

눈 가는 곳마다
메밀꽃 아른 아른
어스름 개울가
보름달 숨소리 들린다

개울물 소리에
조곤조곤 전해오는
불꽃같은 물방앗간의
그 짧은 하룻밤 사랑 이야기

거꾸러질 때까지
달을 보고 걷겠다던 허 생원
지금도 나귀방울 울리며
오일장을 걷고 있으려나

산등성이 들판마다
무리지어 재잘대는 메밀꽃
그윽한 향기 예스러워
섶다리 솔향기도 아련하다

어떤 땀방울

한 방울
한 방울
흘러내리는
빛바랜 삶
닳아지는 육체의 사유

또 누군가에게
고스란히 전할
절망과
서러움 깃든
은빛 이색의 향기

심연의 바다 같은
아픈 사연
소멸하듯 드러나는
삶의 증언
방울방울 기록한다

오늘 숙제는
고된 상처받은
가녀린 모든 영혼들께
그 고결한 기록들로
경건하게 위령제를 올리는 것

*봉림역

그리운 회포
다 풀지 못하고
눈길 가는 곳마다
내 마음 앗아가는 시간들
바람처럼 쉬이 달아나는
세월이 더 아쉽구나

비둘기
쇠 발통소리
온 몸으로 휘감아
갑령재 넘나들 때
허공으로 긴 울음 울고
쉬어가던 봉림역

메마른
침묵도 삼켜버린
녹 쓴 비둘기 둥지
하고픈 옛이야기 가득한데
솔바람 미풍은 비정의 함묵으로
고요히 향수만 실어 오네

등자 앞마당
코스모스 화사한 자태엔
연정만 아른 아른
드나들던 청운의 꿈들
고스란히 잠 재워 품고
세월의 꽃 풍차만 돌린다

* **봉림역** : 경북 산성면 봉림리 소재(중앙선 봉림역).

내 고향에 가면

숨어있는
溪川 칠리 *桐林里에
가끔 내가 돌아와
*追報齋 툇마루에 앉아
옛날 옛적 부처가 된다

옹기종기
집들 속의 집들
혹여 세상바람에 물들세라
해와 달은 허공으로 건너뛰고
세월도 돌아서 가는구나

내 마음 속 모든 것
허공의 바람 앞에 내어주면
빈 가슴은 청산에 묻힌 옹달샘
쓰디쓴 고뇌와 허망도
정한 약수가 되어 고이더라

동산에 밤눈 휘날리는데
두견화 따는 꿈 흉내내며
문풍지 우는소리 듣노라니
하룻밤 군불에
한평생을 즐겨 산 듯하네

* **동림리(桐林里)** : 경북 군위군 부계면 가호2리의 옛 지명(작가의 고향마을)
* **추보재(追報齋)** : 작가의 7대 조부(祖父)의 재실(齋室)

박꽃

흰 꽃잎처럼
내 마음에
이젠 하나하나
자연을 수놓으며
황혼을 노래하노라니

화려하지도
추하지도 않은
새하얀 박꽃이
백옥처럼
티 없이 맑아 좋아라

비움의 미학
오늘에야 알았느니
노년의 이 즐거움
그 누가 알았으랴
오늘날이 새롭구나

높푸른
빈 하늘도 맑아
박꽃이 춤을 추니
텅 비어 가벼워진
내 마음도 춤을 춘다

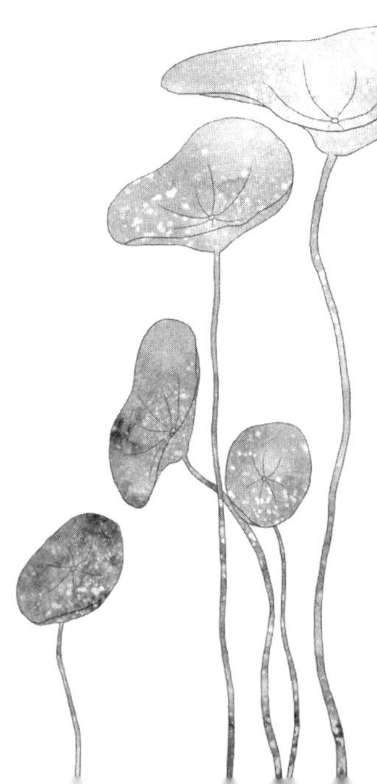

박해수

대륜고교(대구) 재학 중 시집 『꽃의 언어』를 발간
영남대 및 동 대학원 국문학과 졸업, 대구가톨릭대 문학박사(유치환 시 연구)
제1회 한국문학 신인상 『바다에 누워』로 등단
대구문학상 수상, 대구문인협회 회장 역임, <국제문예> 편집위원
시집 『바다에 누워』, 『별속에 사람이 산다』, 『 사람이 아름다워 』 외 다수

싸락눈

싸락눈 보랏빛 먼 산
소슬한 저녁 황소뿔빛 노을
싸르락 싸르락 싸락눈
처녀 눈빛 같은 처녀 목소리 같은
잡담(雜談), 잡설(雜說), 언설(言說)
거두어 버린 한 푼, 두 푼 싸락눈
일엽(一葉), 이엽(二葉) 싸락눈
거침없이 쏟아 내는 잡설(雜說)
이 벌판에 눕고 저 벌판에 눕고
무너진 네 목숨의 부질없는 몸부림
반나절 치대는 몸부림
싸르르륵 싸르릉륵 싸락눈
싸락 꽃 싸락눈 싸르르륵 싸르르륵
뽐내지 않고 사는 뽐내지 않고 내리는
싸락눈 네 춤은 어디로 갔나
싸락눈 네 춤이 없네
곱게 조용한 동정 없는 저고리
판소리 몇 구절 네 육체는
소슬한 저녁 황소뿔빛 내리는 먼산
소슬한 저녁 네 두 손 모은
저녁 기도였었네 저녁 기도였었네

소쩍새 판소리

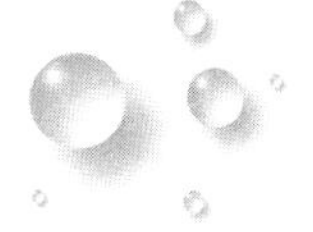

판소리 몇 구절
법이산, 불타(佛陀)네
달빛이 물에 구겨져
주저앉았네,
달빛이 물에 주저앉았다
왈칵, 왈칵 가슴에 타는
와룡산 가슴만 타네
와룡산 가만 가만 서 있네
가슴 재치기에 놀라
왈칵 왈칵 가슴에 핀
멍 꽃을 거둬낸다
소쩍새, 소쩍새 소쩍새
소쩍 소쩍 우는
소쩍새 판소리
소쩍새 판소리
거기에 홀연히
네마음 홀리고 가네

12월

십이월은 간이역이야
이 역 저 역 오는 역 가는 역
붙잡지 마라 몸 흔들지 마라
아쉬워 하지마라 안타까워 하지마라
십이월은 함께 나누는 네 눈물이야
십이월은 이승과 저승의 눈물이야
십이월은 이제 다시 오지 마라
사랑, 유혹, 비밀, 그리움,
연자방아 돌리는 사랑 잊지 마라
그리움 품고 살지 마라
이별 품지 말고 살지 마라
십이월 멀리 떠나지 마라
멀리 떠나고 마는 십이월은 혼자 남아있네
십이월은 홀로 서 있네
십이월은 가슴만 남겨 놓았네
아픔과 상처 밤을 남기고
어둠을 남기고 네 마음 오므려 놓고

눈발에 뿌려 놓은 눈발에 뿌린
눈밭에 뿌린 네 기침소리
네 노란 가래 뭉텅이
눈발에 눈밭에 눈물 뿌린
네 기침소리 동백, 네 목숨만 붉었네
십이월은 간이역이야
뚝, 뚝, 뚝, 허망하게 사라진
네 눈물이 십이월이야
첫사랑 잃고 헤매는 십이월
네 첫사랑이 십이월이야 뒤돌아 보지마라
저녁 눈물 같은 십이월이야, 십이월이야

수성못

맨발의 법이산을 안겨줄까
맨발의 달빛을 안겨줄까
맨살의 별빛을 안겨줄까
청산은 달빛을 모두고
청산은 달빛을 모두 안고
가을, 법이산 봉수대
법이산 서서 안고 키스 하네
왕버들 버들, 버들 오앙, 왕 떨고 섰네
왕버들 버들 버들
머리 깎은 중머리 중머리 장단
중절머리 중절머리장단
허리 흔들고 가슴 흔들고
돌아서는 고모령 옛길
허리 흔들고 허리 흔들고 돌아서는
가을 낙타빛 하늘

산바람, 강바람, 마음바람
흔들고 가는 그리움 솟구친다
수성못 법이산 저 멀리
맨발로 걷는 황톳길 둑길
빈 머리에 얹힌 수성못 물빛
바늘꽃 바늘꽃 법이산
가을비 낙타빛 하늘을 적신다

귀뚜라미

먼 길 꼬불, 꼬불 갈빗대 흔들며
뜨르르르륵 뜨르르르르륵
뜨르르르르르르르르르르르……
뜨를뜨를 뜨르르르르 륵
목청 여린 가을 빗소리
목청 길 트지면 물빛
물빛 들길 트이지
흐느끼며 실 날 같이
흐느끼며 실 낱 같이
물빛 몸 털고 가는
물의 빛 물의 무늬
가을 실낱 비 같이 오는
가을 실날 비 오는 소리
귀뚜르르르르르 귀 뜨르르르르르르
늦된 청춘 늦된 그리움 늦된 여운
늦된 이별 늦된 아쉬움
여린 목소리 터지는 살랑거리는
가을 붉은 머리 오목눈이 눈빛
붉은 여린 눈빛 소리 눈빛 울음

가장 여린 가을의 기도
가장 여린 가을 빗소리
가을 물결 가을 물방울
갈빗대 귀뚜라미 갈빗대
이루고 가는 여린 가을 기도소리
여린 가을 레퀴엠 저녁 여린 기도 같은

설악(雪嶽), 설악(雪嶽),
설악(雪嶽), 설악(雪嶽),

설악(雪嶽), 설악(雪嶽), 흰 장삼자락
판소리 중절머리 중절머리 중머리 중머리
흰 눈이고 흰 물살 이고 흰 눈물,
설악(雪嶽), 설악(雪嶽),
설악(雪嶽), 설악(雪嶽),
흰 눈발 흰 눈발은
굴참나무 갈잎나무 잣나무 중허리를 치고
굴참나무 둥지를 치고 가네
설악 물소리 짧고 매운 삶을
회초리 설악의 종아리를 치고 가네
더욱 더 차고 매운 가슴 앓는
가슴 멍으로 아로 새긴 청단풍
청 푸른 잎만 눈 붉네
붉은 머리 오목눈이
설악(雪嶽), 설악(雪嶽),
흰 눈발 몸부림치네 붉은 눈발
붉은 머리 흔드네
설악(雪嶽), 설악(雪嶽),
설악(雪嶽), 설악(雪嶽),

설악(雪嶽), 설악(雪嶽),
오색딱따구리 딱, 딱, 딱, 딱,
설악 설악에 몸 붙어 우네
오색, 오색 약수터 물 적신
오색 딱따구리, 설악(雪嶽), 설악(雪嶽),
설악(雪嶽), 설악(雪嶽),
설악(雪嶽), 설악(雪嶽),
몸부비며 슬프다 슬프다
설악(雪嶽), 설악(雪嶽),
쓸쓸하다 쓸쓸하다
설악(雪嶽), 설악(雪嶽),
흰 눈발과 몸 부비네
설악(雪嶽), 설악(雪嶽)으로 우짖네
설악(雪嶽), 설악(雪嶽)으로 몸 부비네
흰 눈발과 몸 부비네
흰 눈발과 몸 부비네

D M Z, 저녁

황소뿔빛 노을, 긴 여운
질긴 울창한 숲
넉살 버틴 그리움
우두커니 선 미루나무
예순 해를 넘겼네
아픈 금을 그어 놓은
내(內) 외연(外延)
아픈 뜨락
D M Z, 저녁
D M Z, 저녁
나무만 우두커니
임자 잃은 아픔만
D M Z, 저녁
나무만 우두커니
저녁 긴 한숨만

황소뿔빛 노을에 감추우고
저녁 황소뿔빛 노을만 얹고 있네
아픔은 저녁 황소나무 등허리에
황소뿔빛 노을만
남겨 두고 황소뿔빛 노을만 남겨놓고

자전거

사랑은 두 개로 서서 달리는 것
두 개의 바퀴가 사랑을 열고
둥글게, 둥글게 사는 것, 우주를 열고 달리는 것
지구를 달리는 것, 사랑은 엎어지지 않고
다시 털고 일어나 마음 털고 일어나
칠전팔기(七顚八起) 하는 것
삶의 철학, 삶의 운명으로 구르는 것
검소, 절약, 청빈, 희망, 소망, 의지,
욕망, 열정, 인내, 고독 사랑, 가슴을 키우는 것
지혜를 열고 가는 것
달, 햇빛, 나무, 별, 공기, 산, 바다, 강,
그리움, 낭만 추억 옛사랑 그리듯
옛 사랑 그리듯 남녀노소(男女老少)
동, 서양 국적을 넘어 가는 곳
사랑으로, 사랑으로, 희망으로. 희망으로
굴곡 진 삶을 윤회(輪廻), 자전거 바퀴로
윤회(輪回), 윤회(輪回) ,사랑으로 굴러 가는 곳
어둠속을 뚫고 희망과 의지로, 역경(逆境)을
순경(順境)으로 사랑으로 감싸고 가는 두 바퀴로
부부(夫婦)인걸, 친구로 함께 가는 것

두 개로 두 바퀴로 일어서는 것
마음을 둥글게, 둥글게 꺾으며 깎으며 돌리며
자전거 발통, 발통에 스며오는 파도, 구름,
바람, 바위, 비, 눈, 우박, 바람,
안개, 물, 흙, 바람, 햇빛, 나무
달, 해, 별, 강, 바다, 산, 꽃
모두가 생명으로 구른다. 생명 빛으로 구르는
아픈 풍경을 지우고 생명 빛으로 구른다
아, 덩실덩실 굴러 가는 아, 춤의 원형(圓形)
바퀴의 원형, 생명의 원형이 궁근다, 구른다
구릉(丘陵)을 넘어 간다 산을 넘는다
언덕을 넘어 간다. 긴 숨결소리
생명소리 희망소리 지구를 넘어간다

둥지

흙에 박혀 나무 가운데 걸린 네 집은
하늘 가운데 중심이었구나
소리부엉이, 황초롱이 팔색조, 저어새
오색딱따구리, 네 속에 네 살 부여안고 살아 왔구나
네 살 떼어놓고 네 살 떼어 내어 네 날게 떼어내어
네 입술로 네 입 주둥이로 둥지를 틀었구나
네 몸은 알에서 부화(孵化) 하고 있었구나
산란(産卵), 포란(抱卵), 다스운 네 살로 껴안고 있었구나
네 몸속에서, 네 깃털 속에서 네 날개 속에서
어이 따라갈 수 있을까 어이 따라 날 수 있었을까
바다를 건너고 산을 건너고 강을 건너
몸 시립다, 추운 곳 툰드라에서
계절 따라 오는 철새, 텃새 한 계절 껴안고 두 계절
몸 시린 강, 바다 네 날개, 몸서리 치지 않았을까
생명의 열병이다. 생명의 열정(熱情)이다
생명의 온기(溫氣)다 나무들 초록으로 펄럭인다
얼마나 많은 새들이 둥지를 틀었을까
네 몸속에 내 몸속에 살고 있었을까
발자국 떠돌며 발자국 떠돌며 떠나가는 역마살
살 시린 네 몸짓, 살 시린 네 몸, 네 뜨거운 삶이었구나

발자국 떠돌며 네 몸짓 벗어 놓고 간 살 시린 네 몸짓
살 시린 네 입술로 물고 가는 잎새
숲이 그립다, 산이 그립다, 하늘 집, 하늘 집
둥지 속 햇빛, 방아개비, 눈물 눈짓 같은
틈새 속의 숲의 집, 구름집, 나무집, 하늘집 둥지
나무들 몸 트는 둥지, 나뭇 잎새로 쌓은 집, 네 살 아끼지 않네
어머니 몸속, 자궁 속 벗어난 햇빛 온 몸 온 팔 벌려
온 몸으로 하늘, 해, 달, 별, 바다 산, 강
온 몸 벌려 온 팔 벌려 별빛 햇빛 몸 품는 둥지속의 따뜻함이여
흙에 박혀 우주를 넘어가는 이승과 저승의
분기점(分岐點) 삶의 둥지여, 시의 둥지여
글밭의 둥지여 글벗의 둥지여
둥지의 둥지여 글밭의 동지 둥지여

낙화암

죽은 나무들이 줄줄이
서 있는 삼천궁녀 나무
백제 의자왕 나무, 나무의자가 되었을까
삼천궁녀 나무랄까 고란사 종소리
역사를 끌어안고 숨을 몰아쉬고 있는
낙화암 수많은 눈물방울, 눈물방울
눈물덩어리, 눈물 덜미,
버서락 바스락 버서락
바스락 거리는 나뭇잎사귀
삼천궁녀, 삼천궁녀 나무에 젖내음 난다
어머니 눈물 ,어머니 눈물 난다
목숨의 백제 부여
백제 부여 흙냄새 눈물냄새 난다
다시 눈뜨고 살아올까
사설조(辭說調), 사설조(辭說調)
아픔, 눈물, 이별, 작별(作別)로
판소리, 판소리 중절머리 중머리
한 차례 장대비로 산을 휘돌고
휘돌고 감돌아 물살, 물살, 물살,
휘젓고 백마강을 돈다, 백마강, 까치, 박달나무

판소리, 한 차례 서산(西山)을 휘, 휘 감돌고
휘돌아 나가면 진진초록, 진진초록
낙화암, 삼천궁녀, 나무
가슴을 풀었다. 저고리 풀었다
백마강 물살은 삼천궁녀
치마폭 물빛으로 펄럭이고
삼천궁녀, 나무, 가슴
기지개 켜는 낙화암
기지개 펴는 낙화암
제 몸 떠나온 앙가슴 물먹은 별들로 떴다

배용파

고려대 및 동대학원(정치외교학과), 아 · 태 출판편집 책임자 연구과정(도쿄)
유네스코 청년원 지도교수, 영문월간 〈코리아저널〉 편집장 등 역임
시집 『 역사 』『 김삿갓 시집 』『 달을 쏘다 』 외 다수
현) 김학철문학상 심사위원, 국제펜클럽 회원, 한국잡지협회 이사
현) 〈 국제문예 〉 발행인

광 야(曠野) · 3

별무리 벗을 하는
푸른 강물 흐르는데
덧없는 사연(事緣)을
지켜보는
저 시린 달빛이
가슴을 적시는가

핏물이 가득한 하수구와
썩어버린 양심들로
죽어가는 도시를 바라보며
세월을 지켜온
외로운 광야에도
광풍(狂風)은 멈추지 않고
탐욕에 눈이 먼
추악한 무리들의
병신춤마저
그칠 줄을 모르네

차가운 달빛아래
세찬 바람과 忍苦의 세월을
감싸온
황량한 大地여,
가없는 삶들을 품으려
천고의 아픔을
헤쳐 온 그대 앞에
뉘 라서
검붉은 레퀴엠을
울려 퍼지게 하리?
아!
어디에 뉘 라서
장엄한 태고의 광야를
범할 수가 있으리?

백두 폭포

天池에서 뻗은 白河
精氣에 서려있고
물줄기도 莊嚴하니
賢人들이 노래하네

久遠의 천년세월
白頭天池 등에 엎고
榮辱의 덧없음을
온 누리에 일렀던가

傳說 속의 폭포인가
瑞氣마저 치솟는데
天下를 휘감으며
大地를 적셔주니
웅혼한 그 氣像에
萬人들이 칭송하네

겨울 산 · 3

매서운 칼바람이
뼛속까지 스며들고
차가운 겨울눈이 온몸을 덮어도
묵묵히
세월을 헤치는 구나

매몰찬 바람을 맞으면서도
무슨 생각을
그리도 깊게 하길래
억겁의 세월을
그렇게
지켜만 보고 있는가?

靜重如山이런가?
어디에 賢者있어
말이나 처신이
무겁기를 산같이 하라 했던가?
겨울숨소리만 들리는
깊은 적막 속의
눈 덮인 겨울산은
그 무겁기가
참으로
장엄하고도 웅혼하다

지리산 · 10

– 피아골의 단풍

피아골에 가면
그냥
눈물이 난다
그 숱한 꽃들이
무엇 때문에
피를 흘리며 죽어들 갔는지
역사는
개죽음이라 혀를 차지는 않았는지
남부군 유격대가 달리던
피아골에 가면
그냥
눈물이 난다

피아골에 가면
새빨간 단풍이
가슴을 저미게 한다

그 숱한 젊음들이
무엇 때문에
핏빛 단풍을 좇아
세월을 불사르며 스러져갔는지
훗날의 역사는
그 우매함에 목이라도 메였는지…
아! 처절한 격전지, 피아골
滿山紅葉의 그 피아골에 가면
그냥
눈물이 난다
그냥
가슴이 적셔온다

순애보 · 1

못 다한 사랑에 대한
가슴 저린 염원
끝내 하지 못한
심장 속의 한마디…
불꽃사랑을 향한
애절한 기원은
오늘밤도 통곡하는가

그래서 한 時代는 흘러가고
또 그렇게 세월은 흘러
너와 나의
치열한 인생은
久遠의 불길이 되어
억겁의 時間을 휘감으려 하는가
純白의 여명에
절절사연을 적시려 하는가

말은 없어도
서두르지 않아도
눈빛만으로도

심장은 뛰고 가슴 뜨거워져
온 세상을 품에 안은 듯
사랑보다 더한 사랑을
온몸으로 맞았던가
영혼으로 맺었던가

어느덧
깊고도 깊은 곳에
새겨져버린
숙명의 숨결소리
천년 세세(千年歲歲),
영혼마저 절규하는
아, 애절해라 나의 사랑!
끝내 못 다한 한마디는
밤하늘의 진혼곡(鎭魂曲) 되어 퍼져만 가는가
별무리도 깊은 밤,
새하얀 별빛은 소리도 없이
쏟아져 내리는데…

별들의 전설 · 1

– 진정한 프로골퍼를 위하여

高峰에 우뚝 선 그대
세월을 움켜 쥔 그대
당대의 1인자로
기라성 같은 강호들을
제치면서
드높은 嶺峰을
품에 안은 그대를
어이 칭송하지 않을 손가?

강자들의 포효소리
온 누리를 뒤흔들고
하늘마저 뛰어오를
아, 一當百의 신예들!
불굴의 투혼으로
숱한 强豪 뿌리쳐도
침묵으로 맞이하는
굳게 닫힌 극기(克己)의 문…

내로라하는 1급의 골퍼들도
피눈물을 흘리며 돌아서야 하는
평정심(平靜心)이란 鐵門은
아! 이토록이나 아득한 것인가?

불꽃의 투혼으로
熾烈한 戰場을 헤쳐
정상을 움켜쥔 진정한 프로골퍼여!
高峰에 닿은
그대에게
어느덧 별들의 전설이 되어버린
그대에게
어이
감동의 박수소리가
저 푸른 초원에
퍼져가지 않으리요?

별처럼 바람처럼 · 5

종합병원의 신생아실
고고의 울음소리
온 누리에 퍼지더니
어느덧 아장아장
걸어가다 넘어지고,
총총총 뛰어가는 아기들
장난치며 놀다가는 아기들…
어디를 찾아가나?
무얼 찾으러 길 떠나나?

빈손으로 찾은 여정
구름처럼 아름답고
초롱초롱 눈망울은
하늘나라 별님의 미소
생로병사 자연의 섭리
희로애락 인생의 여정(旅情)
고산준령 올라서면
한 줌의 흙 못 미치고
바닷가 백사장의
한 알 모래뿐일진대

내가 남긴 삶의 흔적
추악하면 뉘 좋을까?

탐욕에 눈이 멀어
맑은 물을 다 흐리고
여정의 끝자락에
눈을 비비고 둘러보니
같은 병원의 바로 옆 건물
아! 장례식장 건물이라
아! 코앞거리 찾아가려
한평생을 헤맸던가?
쏜살같은 세월 속에
아옹다옹 왜 했던고?
어리석고도 무지했네
못난 群像 때늦은 후회(晩時之歎)!
빈손으로 온 터이면
잡초라도 솎아내고
아름다운 추억속에
빈손으로 떠나야지
대를 잇고 살아야 할
후손들이 숨을 쉬제…

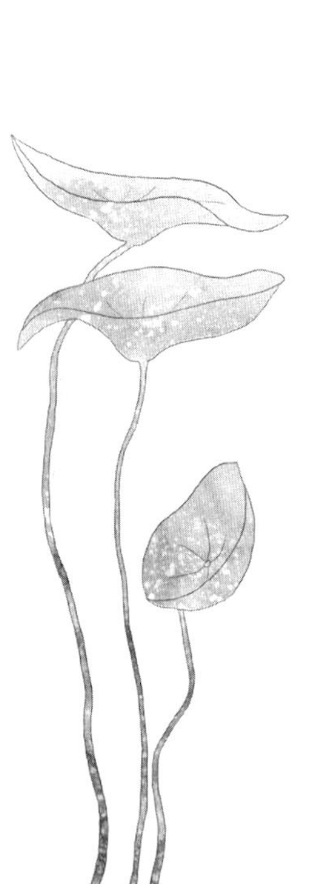
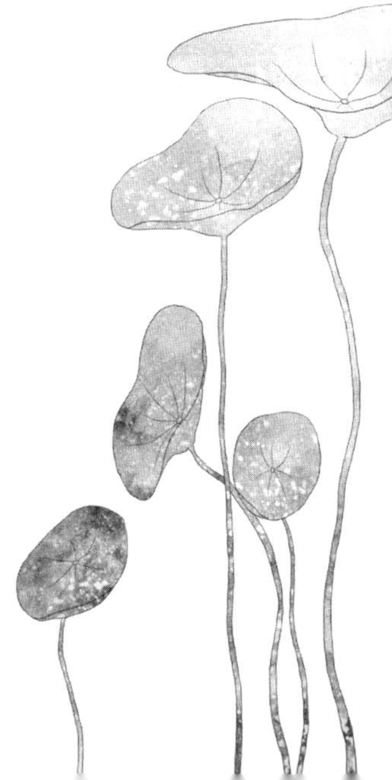

설준원

대구광역시 출생, 호는 유준(有埈)
영남대 대학원 졸업(고고학)
상화문학제 · 상화시낭송대회 기획위원장
현) 고모령철도문화 관장, 고모령 시낭송대회 집행위원장
현) 한국사이버독도학회 회장, 한국고고학회 회원
현) 영남고고학회 · 아시아주조기술사학회 회원
<국제문예> 시부문 등단, 대구가톨릭문인협 회원

고모령

고모령의 혼을 찾으러
고모령의 넋
침묵은
물끄러미 쳐다보기만 하네
고모령의 말들
기차 바람 몰고 온
네 넋의 그대,
뜨거움을 알고 싶다

고모령이여,
해질녘 안타까움으로
고모역의
녹슨 철로 위
꽃이 피는가
고모령에 가서
사라진 그리운 마음
눈물을 찾고 싶네

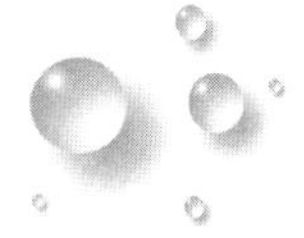

저무는 고모령
오, 고모령이여
너의 혼과 눈물이
즐거운 기쁨으로
피어나는
고모령 꽃이여

비 내리는 고모역

언제부터
푸른 풀잎에
적시는 아침
하루를 여는 순간이 오면
그 고운 소리 그리워지네

천상음악에 취해
숨결조차 그리워
기차굉음에 묻혀
달아갈까 잡으러
고모역을 헤매이네

사랑을 알기 전에
그리워하는
그대 목소리
오늘 같이
비오는 날이면
커피 향과 피어 오르네

고모역

쭈적 쭈적
비에 젖은 단풍이 이마에 달라붙는
고모상점 앞에서
새우깡 소주와
다음 기차를 기다리며
빗줄기를 끌어안고 있구나

기차소리에
목을 쭉 빼고서는 이내 멍하니,
역 너머 울음만 남기고
약속한 기차는
모른 채 도망치듯 내달려,

배신과 공허
에이는 가슴 뼈 속
그리움,
죽도록,
고모역에서 기차를 타고,

*가천역(佳川驛)

갈내
그립고 간절한 게 무엇이랴,
들녘 길,
흐느적거리는 갈대
나그네,
주인인양 가천역
그리움에
싸인 요새 같다

영혼,
가슴을 불태우며
어디론가 실려 가는
기적소리와 함께
갈내의 그리움도 평행선일까?
말머리를 품고
천국으로 가다

*** 가천역** : 금호강변에 갈대가 있는 마을이라 해서 "갈내"로 불리다가 1914년 행정구역 변경되면서 아름다운 갈대강변이란 뜻에서 "가천"으로 명명. 가천역은 대구선 이설로 2005년에 화물 전용역으로 생긴 경부선과 대구선의 분기점이다. 1981년 매호동 열차사고로 인한 55명의 영혼을 달래기 위하여……

섬초롱 꽃

독도에서
외로움을 즐기려는
너를 만나
사랑 감옥에 갇혀
바보가 된 나
행복 찾은 희열
섬초롱한 눈빛은
없는 세상은 없는 거야
하루 한 번
내 입은 너를 부르네

메아리 되어
동해에 비친 너
아무 일 없을 듯한데
화살에 꽂혀
오늘도 그리움에
혹여 만날까
설레이며
내 삶의 선물
뜨거운 입김
하얀사랑 하고파

난 알아요

한 곳에 눈길 두지 못한
초롱한 눈동자
호수에 비친 해보다
햇살의 따스함을 느끼는
그대의 느낌은
난 알아요

깨어 있는 영혼은
내 가슴에 묻어 있고
영혼까지 달려가 사랑을
꿈꾸고 있을
그대의 숨결은
난 알아요

사랑한다고 말할 수 있는
뜨거운 마음은
조건 없는 손길

말하지는 않지만
처음처럼
난 알아요

아무리 부정해도
그대의 몸짓은
밉지 않아
자신에 찬 얼굴 보면
사랑하고 있는 것을
난 알아요

독도

돌섬의 넋 만나러
파도 딛고
동해를 헤치니
일어서며 밀려가는
꼬리침,
괭이갈매기가
반기네

촛대바위 티
파도에 씻겨
광채 나는 길잡이 되어
상장군바위, 군함바위,
삼형제바위는 큰형 따라
돌섬 지키고
이사부에게 항복한
코끼리바위, 지네바위는
엎드려
바다를 안고 있네

백의(白衣) 혼령이 가득 찬
타포니 틈바구니에
초종용, 섬기린초
물보라
섬에 수놓아
손닿으면
철마로
거기에 한 번쯤 내리고파

* 빗살무늬토기(櫛目文土器)

불에
점토가 절로 구워져
단단하게 되니
흙이 그릇되어
구운 토기 이승에 눈을 뜬다
아릿한 구석기 품에서
신석기시대
점토를 빚어
운모(雲母) 섞은
뾰족한 바닥
팽이 돌아
태어난 그릇

저장, 조리
날것 먹어
죽을 고생도 끝
통째로 삶은 감자
푸근하고 넉넉하네

끓인 매운탕
단숨에 소화 되어
그대와 머물며
한결 맘도 따뜻하네
빗살무늬,
뜨거운 열정, 여기 가득하네

* **빗살무늬토기** : 구석기에서 신석기로 들어오면서 나타난 빗살무늬토기는 불이 난 흙더미에 구워진 상태를 착안하여 토기를 구워서 사용하게 되었다. 이때부터 음식을 조리하고 저장할 줄 알고 정착생활을 하게 되어 집단생활이 가능하였다.

* 비파형동검

석관묘(石棺墓),
고인돌,

고조선의 혼
아름다운 곡선으로
순백의 눈꽃 되어
가인(佳人)
한반도를 지배하네

제사장(祭司長)으로
함께 만나,
군장(君長)의 힘으로
고대국가를 지배했네
날이 휘어진
슴베[莖部]는
몸통[劍身]과 이어지며
솟은 등날은
그대에게
던진 몸부림

돌기와 나란한 등날의 마디
하늘 향해
적막을 뚫고
그대의 뜨거움을
장미 향기 더 짙은
피의 향기,
칠월의 뜨거운 사랑
아직도 못 다함을
나누기 위해
뼛골에 사무치며 나타난 걸까
엎드려,
군장이 주고 간 넋
너는 한국의 미

* **비파형동검** : 청동기시대 석관묘와 고인돌에서 발굴이 되며 요녕식, 만주식, 부여식, 고조선식 동검으로 구분되며 한반도에서 출토되어 한국형 동검이라 한다. 주로 군장의 무덤에서 출토되는 비파형동검은 여인에 비유하여 죽어서도 함께 사랑을 나눈다는 사연을 시로 표현하였다.

*다뉴세문경(多鈕細紋鏡)

앞면 거울
뒤편은 잔무늬
작은 삼각형
기하학적
동심원 짝 이루네
내구(內區), 중구(中區), 외구(外區)
주석 넣어
더 빛 반짝이네
세문경,
앞, 젊어져
주름 뒤로 숨겨주어
항상 행복을 주네

하루를,
시작하는 아침
자신을 되돌아 보네

내가 간 후에
떠나지 않는
거울 여인
너의 화장은
다뉴세문경만이 아닌 것,
나 때문만이 아닌 것을

* **다뉴세문경** : 청동거울, 고리가 두 개 이상 달려 다뉴라고 하며, 거울 뒷면에는 정교한 무늬를 넣어 만든 거울을 일컬어 세문경이라 한다. 주석을 넣어 합금된 백동질(白銅質)은 더욱 빛이 잘 반사되며, 한반도에만 나타나는 세계 유일한 유물로서 한국청동기문화의 정수이다. 다뉴세문경의 앞면은 고대 여인들이 늘 자신의 모습을 간직하며, 뒷면의 정교한 무늬는 여인들의 주름을 숨겨준다는 의미로 남편이 떠난 후에도 남성들에게 관심을 끌게 하는 생활 도구임을 나타내어 시로 승화하였다.

손난숙

전남문인협회, 전남시인협회 회원
〈국제문예〉 시부문 등단
전남문학신인상, 아동문학백일장 대상 등 수상
현) 담양고등학교 교사, 나눔문학회 부회장

진달래

따스한 햇살 넘쳐나는 봄 산에
연둣빛 여린 새순이 가득합니다

사랑은
생각만으로도 가슴 아리다던 말씀
아지랑이 아물대는 골짜기에서
아슴아슴 그리웁게
일렁입니다

색바랜 그리움에 나를 가두면
가슴속 깊은 곳에 묻어둔 꽃씨 하나
햇볕 넘쳐나는 바위 틈에서
연분홍 꽃으로 피어납니다

반 지

그대를 사랑한다
가슴에 꽃도장을 눌러 찍고
꼭 한 사람만 사랑하게 하소서
손가락 하나에 온 우주를 건
순결한 결의

아침에 눈을 떠
밤에 이르도록
가슴에 출렁이는 바람으로
들판에 퍼져나가는 햇살로
하늘에 둥둥 떠가는 구름으로
죽어도 당신을 사랑하겠노라
황홀한 구속을 맹세하는
생애의 안뜰

오늘은
내가
꽃봉우리 앞다투어 피워내는 봄 뜰입니다

동백꽃

맑은 바람 술렁이는 삼월의 백련사
연등에 불 밝히듯 동백이 화사하다
빨간 등 밝혀 들고 환히 웃는 꽃송이들
정갈하니 얼굴 맑던 내 어머니의 얼굴

꽃의 정령들 흥겨이 봄 잔치하고
동박새 바쁜 날갯짓으로 수런대는 숲 안
물 스미듯 고요로운 꽃의 언어는
봄 향기 묻어나는 내 어머니의 기도

시든 풀밭위에 떨어져 누운 꽃송이들
툭! 툭! 툭! 번져가던 붉은 강줄기
초록의 잎맥을 따라 초록으로 흘러들어
찬란한 울음우시던 내 어머니의 바다

맑은바람 함께 찾아온 삼월의 동백은
천상에서 보내오신 내 어머니의 편지 꽃

꽃무릇

꽃 멀미 찬란한 꽃들의 웃음소리
갈 꽃잎 흔들리는 들녘으로 퍼져가고
어여쁜 꽃송이들 온 세상을 수놓아
불어오는 바람결에 출렁이는 꽃바다

하나님 나라에 가기 원하거든
저렇듯 색깔고운 꽃노래로 찬양하라

주님 지으신 아름다운 동산에서
뭉게구름이 들려 준 고운 사랑 이야기
그리움 하나로 평생을 서서 사는 꽃
사랑 하나로 순결하게 웃음 웃는 꽃

하나님 나라에 가기 원하거든
저렇듯 정갈한 꽃웃음을 웃으라

태양 빛에 빨갛게 달아오른 꽃송이들
고운 꿈에 젖어 종일 붉게 술렁이고
꽃향기 퍼져가는 들녘에 밤이 내리면
허락하신 하루를 요요히 노래하는 꽃

하나님 나라에 가기 원하거든
저렇듯 향기로운 꽃마음을 품으라

카파도키아에서

잊힌 듯 혀끝을 맴도는 이름 하나
네가 없는 빈자리 때때로 감당할 수 없이 커져가서
가고 오는 계절의 밤마다 나를 헐어
구멍 숭숭한 가슴으로 팽팽한 바람 넘나드는
*카파도키아 *괴뢰메 계곡

마른 바위구릉 위로 흰구름 흘러가고
말갛던 산가지들 연분홍 꽃물 오르면
잔잔한 바람결 따라 네 곁으로 흐르리라
진달래꽃 피어나고
매화 꽃잎 하나 둘 흩날리는 봄밤

묶이고 다친 마음 주 앞에 내려놓고
바위 위에 두 무릎 꿇고 옥합을 깨뜨려
보배로운 기름으로 주님의 발을 닦는다
눈물향기 버무린 바람으로 주님의 옷자락을 만진다
신들의 땅 카파도키아에서

* **카파도키아** : 터키의 중부 아나톨리아 중동부의 고대지명. 실크로드의 중간거점이며 동서 문명의 융합을 도모했던 무역상들의 교역로 역할을 했던 곳.
* **괴뢰메계곡** : 카파도키아 관광의 거점이 되는 도시. 데린구유 지하도시, 우흘랄라 계곡 등 웅장한 바위와 기암괴석으로 이루어짐.

왈츠

이렇게 사랑해 본 적이 언제였더라
이렇게 사랑 받아본 기억이 언제였더라
나비처럼 훨훨 날아올라 음악을 타고
가볍게 떠다니던 날들이 언제였더라

초저녁 별빛처럼 고운 날개옷 펼쳐 입고
간절한 열망 눈빛에 담아 수줍게 다가가서
땀에 젖어 내미는 손 위에 내손 살포시 얹어
가쁜 숨 몰아쉬며 선율을 타고 휘도는 춤사위
비단옷자락 깃발처럼 나부끼며 출렁이는 강물로
당신과 함께 다다르고 싶던 천상의 바다

사랑도 깊어지면 죄가 되는 것일까
사랑과 슬픔의 볼레로에 영혼을 내어주고
사랑과 슬픔의 바다를 항해하는 그대와 나
정지된 시간속으로 음악은 하염없이 흐르고
내 생애 단 하루 물처럼 바람처럼 스며들어
아! 눈이 부신 날의 황홀한 왈츠

하늘하늘 살랑거리며 봄 꽃잎 흩날리고
느린 듯 길게 뻗어내는 춤의 행간에
나는 기우뚱 당신의 어깨에 기대어 서곤 하지
이 세상에 없는 나라 당신의 바다에선

연두사랑

세상이 온통 연두로 출렁이던 바다
당신을 이렇게 사무치게 사랑했던가
아카시아 향기 따라 슬며시 여름이 오면
분홍빛 손 내밀어 붙들고 싶은 그대 옷자락

순간의 생이어도 좋을
당신의 이름으로 색칠하던 봄빛 나날들
그렇게 많은 고움으로 물들이며 살았을까
초록빛에 밀려서 갈피없이 흔들리는 사랑
찔레꽃 향기 들큰히 퍼져가는 들길에서
풀꽃반지 끼워주며 속삭이던 사랑의 말들
남쪽바다를 지나온 바람결에나마 섞여들면
당신의 품에 안겨 꾸는 꿈 깨어나지 않기를
나는 날마다 정화수 앞에 꿇어앉고 싶었지

여름 장미처럼 붉디붉은 사랑
흙탕물로 범람하는 소낙비에 갇혀서
당신과 함께 굽이치며 흐르고 싶던 저녁 강물 위엔
덜렁하니 외로운 꽃송이 하나 흔들리며 떠다니고
한낮에도 진홍빛 백일홍 목이 메는 계절
마른 꽃반지는 흔적도 없이 바람에 흩어져
눈물 한 방울 툭 하니 떨어지던
풀밭 위엔 흔적도 하나 없지

목포항

밥 냄새 폴폴 날리며 대문 활짝 열어두고 기다리는
어부의 아내로나 살까
모든 색들이 일렁이는 지상의 시간
먼 길 떠났던 배들이 불 밝히며 돌아오고
물속으로 갈앉아 휩쓸리던 꽃잎들
석양빛에 곱게 물들고

쓰기로 작정하면 천편의 시가 써질 듯
저녁놀 붉은 빛에 모든 것 내려두고
속 사랑앓이도 곱게 물이 드는
시인들의 시간
저녁 빛 스러져가는 하늘가에
흔들리는 시간을 버리고
밤이 내린다
시가 흐르고
꽃잎이 흘러간다

붉은 빛 따라 흘러가던 시선이나마 묶어 두고 싶은 목포항에서는

12월의 수묵화

인간에게 허락된 시간 중 가장 아름다운 시간
아름다움이 또 시가 되는 저녁 무렵
울어야 할 이유 하나 없이도
울기로 작정하면 통곡이 터져 나올 것 같은 먹먹함
밤이 내리는 하늘 어귀에
저녁놀 붉은 빛이 찬란하다

산감나무 높은 가지 끝에 매달린
주홍의 홍시 하나
말갛게 들이비치어
쓸쓸하니 차가웁다
매운바람 한 자락 휘익 불어오더니
주홍 빛 얼얼한 얼굴 어루만지고 지나간다

까마귀 줄지어 날아가는 겨울 들판에
물기 늡늡한 어둠이 내린다

자귀나무 꽃

하 하 하 하 하 하 하 하
하 – 아 – 아 – 아 – 아
후 후 후 후 후 후 후 후
후 – 후 – 후 – 후 – 후

강렬한 스타카토로 시작해서
부드러운 레가토로 웃음 웃는 너
분홍빛 물 흐르듯 수천의 나비떼 날아올라
자잘한 미풍에도 술렁이는 꽃으로 피었다
여름날 바람언덕에 피어난 자귀나무 꽃

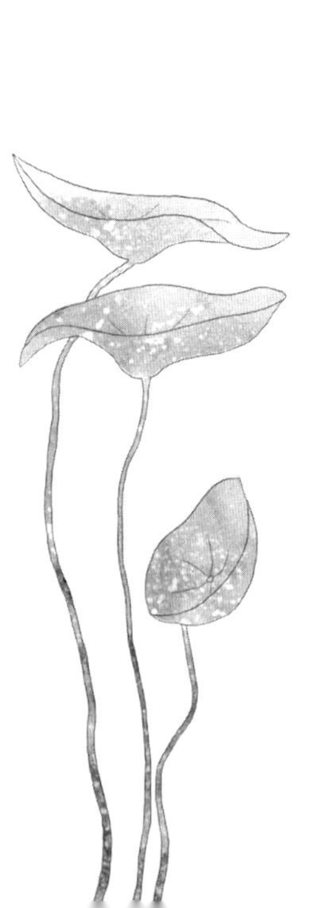
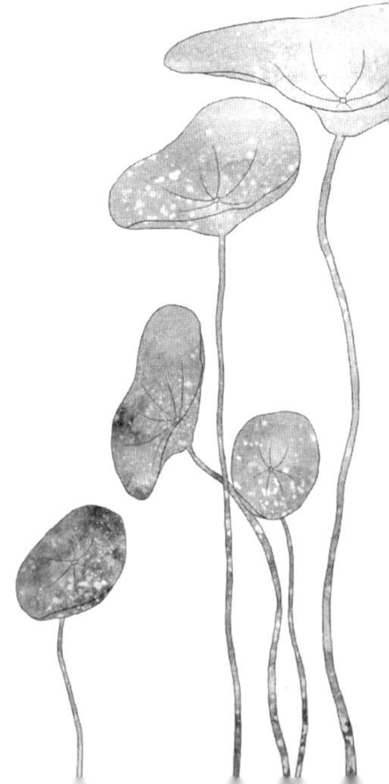

안 죽

<국제문예> 시부문 등단
시집 『달빛여행』, 『둥지』(공저)
<국제문예> 인천광역시 지부장

가을 언덕

지난 해 가본 언덕길에
갈대밭은
바람 부는 대로 이리저리
함께 휘날리고

하얀 코스모스는
살아온 것을 보여주는 듯
분홍색 코스모스는
가버린 벗을
그리워하듯
부끄러운 듯 살그머니 흔들리는 그리움

빨간 코스모스는
정열적이고 낭만적인
옛 그리움이
가슴에 조용히 와서 닿는다

세월 속에서 나

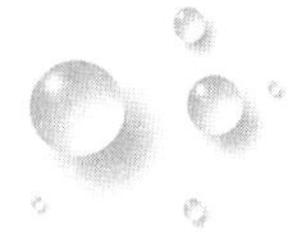

살아가는 동안에
내 삶의 목표는 흔들리지 않아
수십 년 같은 날, 같은 달, 같은 해
너희를 위하여 마음도 함께 하였었지

낙엽 하나 떨어진 것을
가까이 오지 못하게 하는
너희들을 위한 나의 진실한 마음

이제는 언제 왔는지
세월 속에서
돌아보면
해야 할 일들을
나는 너희들에게 남겨둘 수밖에…

한 잔의 찻잔

오늘도 카페에 들러
식어가는 찻잔을 앞에 두고
그리움을 찻잔 속에 띄워본다

사랑도 미움도 담아본다
잊어버리려고
다시금 생각은 그대로 남아있다

마음 한 점 달래보면서
먼 길 건너에는 불꽃이
채송화 꽃동산이 환히 떠오른다

모든 것이 서로서로 관련되어 가듯이
한마음 가득한 생각들이
부드럽게 간직하려고
식어버린 차를 들어본다

가는 세월

찢어질 듯한 소리 내는 매미
처서 지난 지금에는
그 소리가 자꾸만 멀어져 간다

다음 해를 약속 하듯이
멀어지는 듯한 저 소리
매미가 안쓰럽기 그지없다

덧없는 세월에 해마다
가슴속까지 젖어드는 소리는
점점 멀어지고 가는 듯…
들어 보라는 듯
마음이 쓰리다…

운무

19층 테라스에서
하이얀 운무가 덮어 아무것도 볼 수가 없는 것을
흰 백포가 넓고도 높이 펴놓은 듯

땅 아래에는 차 소리 요란해도
하이얀 운무는 고요히 덮고만 있다
건너 먼 곳에는 하이얀 운무에 덮여
보이는 것은 하이얀 가루 안개

어느 세월도 운무처럼 사라지듯
가버린 나날
오는 날을 가슴 펴고 두 손으로 받아들여
최선 다한 시간들은 빠르기도 하구나

보슬비

거리엔 보슬비가 내리는데
너희 같이 되고 싶어
우산 없이 걸어본다

바람도 없이 머리카락 사이로 스며드는 느낌
아름드리 포근한 빗방울을
누군가 등을 툭 치는가 하면서
레인코트라도 입고 걸어가야지
속옷까지 젖으면
지독한 감기 오면 갈 줄을 모를텐데…

후회는 앞서지 않아
따끈한 차를 마시면서
친구와 주고받는 말속에
지난 그리움이 떠오르는데
우연히 우리가 여기서 만나게 되지…

가을

가까이 오고 있는 가을
갈대는 누런색으로 옷을 갈아입으려는가 보다
여름을 보내고 가을 맞으며
한가슴 비어 있는 듯
어느덧 눈을 몰고 올 겨울이 올 것이니

세월은 부메랑처럼 다시 돌아서
제자리에 오듯이
돌고 돌아오는 세월이 사계절
빠른게 아니라
무척 급하기도 하는구나

마음

돌다돌다 어둠과 낮이 오나
가다가다 돌아보면 계절이 오고가고
지금의 내가 된 자리 오는 세월 막지 못하고
언제 우리들의 인생행로가 여기까지 왔는가

돌아봐서 그리움이 있다 보는구나
동창생들 모여서 이런저런 얘기 중에
듣고 있다가 눈물이 핑 돌아오면
나만 그런게 아니라
모두의 마음인 것 같아

생 각

마음의 문을 열어보았으나
가버린 서러운 사연들이
쏟아지는 듯 한데

전화벨 소리에
부지런도 하지
이른 아침에 무슨 할 말이 있을까…

혼자서 웃어본다
TV에서 나는 소리인데

구름 사이

보아도 보아도 끝이 없는
흰 구름 사이에
맑고 푸른 하늘 속의
아름답고 소담스러움을 어디다 비유할까?

기러기도 소리 없이
질서 있게 날으는데
같이 날아보았으면
아니면
그림자끼리라도…

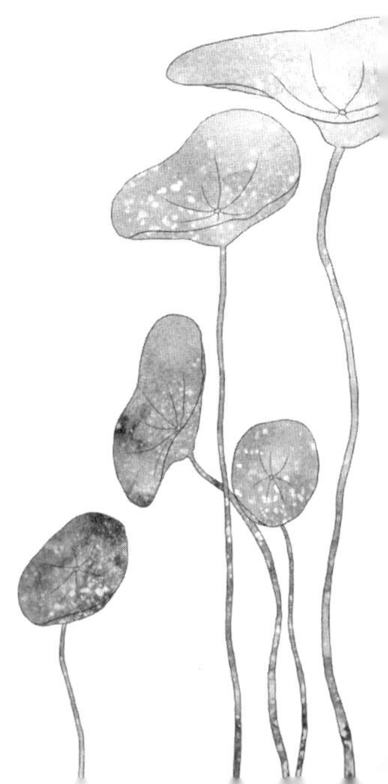

이금선

삼육대학교 보건복지대학원 및 대학원 약학과 졸업(약학박사)
삼육대학교 외래교수, 동 만성병연구소 연구원
한국알코올문제연구소 연구원, 〈국제문예〉 시부문 등단
현) 훈자건강마을 대표

해후

눈물 같은 빗물이
빗물 같은 눈물이
서로를 부둥켜안고
흐느끼며 웃는다

창에는
사위어가는 촛불이
불타고
촛농 같은 추억이
그림자 같은
연기로
맴도는데

여전한
시계의 초침소리
세월이
타들어가는
마른 침
삼키는 소리

더 이상
야윌 것 없는
그리움의 전쟁터

너는
그곳에서의
용감한 전사
나는
이곳에서
월계관을 준비한다

눈물 같은 빗물로
빗물 같은 눈물로
너에게
보내는 선물
영광의
갈채를 보낸다
승리의
입맞춤을 보낸다

여전히 창에는
촛농 같은
추억이 흐르고
너의 환향을
꿈꾸는
시간이 흐르고…

가을 단상

아름다운 시간에
함께 숨을 쉬고 있다는 것

뒷산 허리부터
조금씩 물들어 오르는
미소 띤 바람의 흔적들

낮게 드리운 흰 구름 위를
푸르른 바다로 일렁이는 하늘

단풍가지 끝이
조금씩 수줍은 미소를 짓는다

금빛 잡초가
길고 풍성한 자존심을 걷어내고
모로 눕는 시간들

많이 가졌다 다시 놓아 버리고
가난한 마음에 다시 살이 오르면

닫힌 마음 열어
또 다시 만나게 될
기대되는 찬란한 순간들

하늘도 땅도
길도 산도
아름다운 가을로
가을로 가는 길

나 어릴 적에는

나 어릴 적에는
나 아주 어릴 적에는
어른처럼 키가 크면 다
마음이 넓어지는 줄 알았다
하늘같이 높고
바다같이 넓은
그런 사람이 되는 줄 알았다

나 어릴 적에는
나 아주 어릴 적에는
어른이 되면 다
지혜가 충만한 사람이 될 줄 알았다
바닷가 모래도 다 셀 수 있고
하늘 나는 새의 자취도 알 수 있는
그런 사람이 되는 줄 알았다

나 어릴 적에는
나 아주 어릴 적에는
어른이 되면 다
모든 것을 초월한 사람이 될 줄 알았다

지나가는 바람에도 울지 않으며
세상에 어떤 것도 두렵지 않은
그런 사람이 되는 줄 알았다

나 어릴 적에는
나 아주 어릴 적에는
어른이 되면 다
부러울 것이 하나 없는 사람이 될 줄 알았다
넓은 집을 지닌 자도
멋진 차와 옷을 입은 자도
세상에 그 누구도 부럽지 않은
그런 사람이 되는 줄 알았다

키도 크고 시간이 흘러
이제는 너무도 많은 것을
이제는 너무나 사실적인 것을
다 알아 버렸을 만큼
많은 세월을 지나왔다
부는 바람만큼
돌아온 자국들이 많기만 하다

준비

떠날 때 아주 쉽게
준비를 하자

차마 잊지 못할 그리운
누군가를 떠나야만 할 때나
한없이 놓기 싫어한
무엇인가를 놓아야 할 때
훌훌 털어내지 못하던
어떤 것을 잊고자 할 때

아주 쉽게 떠날 수 있는
준비를 하자

자꾸 가지려 하면 할수록
마음은 여기저기 어질러진 방처럼
냄새가 나고
여기저기 깁고 덧댄 누더기 옷처럼
지저분해 지리라

인생의 길이 그러하리라
가졌다고 온전히 다 가진 것 아니고
아니 가졌다고 온전히 잃어진 것 아니리라

떠날 때
정녕 떠나야 할 때
아주 쉽게
맨 손으로 훌훌 털고
명징한 마음 한 줌만 지닐 수 있도록
준비를 하자

편지

보낼 수 없는
마음의 편지를
당신 앞으로 씁니다

부칠 수 없는
눈물의 편지를
당신 앞으로 보냅니다

그리고는
생각합니다

당신은 고스란히
읽고 있다고
당신은 빠짐없이
알고 있다고

견딜 수 없는
그리움을 담았습니다
잊을 수 없는
추억을 실었습니다

그리고는
생각합니다

영원한 순간 속에
잠들어 있는
사라진 듯한 시야에는
잡히지 않는

당신 향한 내 마음을
나를 향한 당신의
끊임없는 사랑의 마음을…

벗

혼자 가는 세상
벗이 그리워
매일을 기다리며
살아갑니다
고독하단 표현으로도
부족한 그 무엇이
안개 같은 인생에
가득합니다

아무런 말 한 마디
하지 않아도
전부가 이해된단
철석같은 믿음으로
바람 같은 세상을
바람 부는 세상을
걸어갑니다

때로는 쓸쓸함에
홀로 걷기 힘겨워도
둘이 함께 함에도

외로움 가득한
바람 같은 이 세상을
외인 같은 마음으로
외인 같은 눈빛으로
마주합니다

강인하려 다짐하며
시작한 순간들에
때로는 미안함을
표현하면서
그리움 하나로
가득 채운 하루를
외로운 바람 맞아
걸었습니다
곁에 있을 벗을
기다리면서
하염없이 하염없이
걸었습니다

삶

삶을 노래합니다
쑥 뿌리같이
모질디모진
아픔의 단면까지도
노래합니다

사랑을 노래합니다
밑도 없고
끝도 없고
시작도 알 수 없는
오묘한 고독까지도
노래합니다

돌아서 삼킬
눈물일지언정
가슴을 훑고 갈
바람일지언정
모진 삶도
아픈 사랑도
감싸 안으며
오늘 하루도
지나갑니다
오늘 하루도
노래합니다

사랑

당신과 함께인 시간들은
너무도 바삐 달아나 버립니다
번뇌로운 많은 일상사들은
어느 틈엔지 멀리 사라집니다

당신의 고운 눈빛만이 빛나고
당신의 불타는 심장의 고동을 느낍니다
부드럽고 달콤한 입맞춤은
신비의 세계로 나를 이끌고

지나는 시간이 너무도 아쉬워
붙들어 매고만 싶어집니다
오가는 눈빛이 너무도 애잔해
주저앉아 울고만 싶어집니다

바라보면 볼 수록
생각하면 할 수록
당신은 영원한 내 그리움입니다
그리워하면 할 수록
함께하면 할 수록
당신은 영원한 내 사랑입니다

어머니

싸라락 싸라락
눈 내리는 이른 아침

차르르르
또르르르
손가락을 타고 내린 팥 알갱이
보리 섞인 쌀과 만나고
바가지 물들이
쏴아 쏟아져 내리면
몇 번이고 쏴아 쏟아져 내리면

곤한 잠 멀리한
거친 손의 어머니
바빠진 손놀림에
미명이 달아나고

잠결을 타고 들던
쌀 씻는 소리
그리도 고소하고
정겹던지
다시금 감겨오는
눈꺼풀 사이로

아련히 멀어지는
고운 님의 실루엣

시장기가 아침을 깨우면
집안 가득 채워지는
향기로운 냄새
사랑의 냄새

유년의 기억은
사라지질 않고
아침밥 준비 위한
쌀을 씻으면
노래처럼
가락처럼
퍼져오는 어머니 생각
운율 맞추어 손 놀리시던
어머니 생각

쌀낱 같은 눈물이 흘러내리고
하염없이 흘러가는 세월에 밀려
어머니 머리칼은 반백이 지나고
싸라락 싸라락 내렸던 눈처럼

오 월

봄빛이 무르익은 오늘
아카시아 꽃 향내가
온 천지에 진동합니다

잃어진 것만 같은 먼 고향이 생각나고
잊힌 듯한 먼 추억이 그리워집니다

푸른 가지에 알알이 달려 있는
눈부시도록 흰 꽃무리 사이로
시리도록 푸른 하늘빛이 보입니다

욕심껏 들이마시는 푸른 공기가
가슴 가득 그리움을 잉태하고
손 높이 뻗어 잡으려 해도
잡힐 듯 잡히지 않는 영상이 가득합니다

어리석다
많이도 어리숙하다
푸른 봄 냄새는
머릿속에도 가득하건만
아카시아나무 아래 멈춰진 발걸음은
바쁜 걸음을 재촉하건만
이렇게 바보 같은 생각에 사로잡힙니다
봄은 무르익었는데…

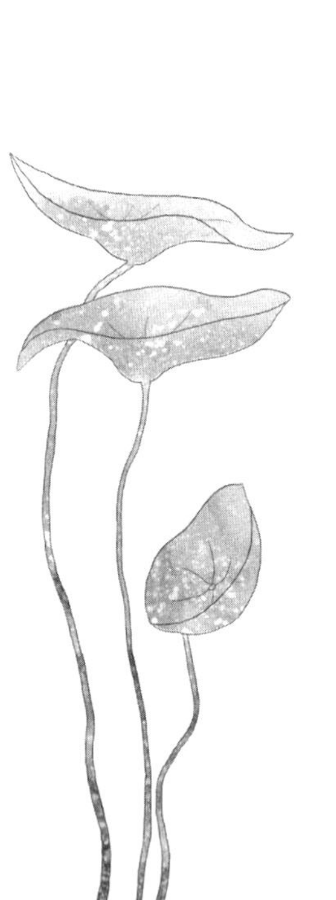
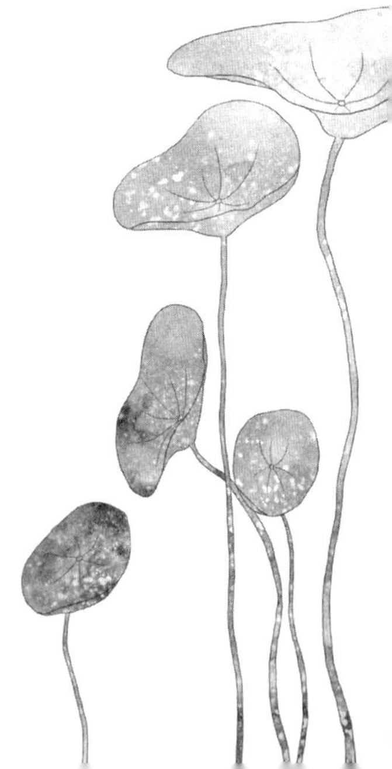

이
응
민

목포 사범, 한국방송통신대학 초등교육학과
푸른기장 금상수상 (전국교육연구발표대회 사회과)
푸른기장 금상수상 (전국교육연구발표대회 특수교육)
모범교육공무원표창, 연공상 국민훈장동백장수상
서울북부교육청 정년 퇴임, 공동저서 『달빛 여행』『둥지』
<국제문예> 시부문 등단, 한국문인협회 회원

새로운 다짐으로 새해를 맞자

공직사회의 부정과 비리는
나라를 통째로 중병들게 한다
공직자는 신분에 상응하는
책임감과 도덕성이 생명이다
영광과 치욕을 분별 못하는
근시안적인 권력은
반드시 부침을 겪게 된다
패거리 꼼수 정치의 산물인
부패공화국 오명을 모두 씻고
소망의 새해를 맞도록 하자!

교육은 국가의 百年大計다
집권자가 바뀔 때마다
비전없는 즉흥적 땜질 처방식
*朝變夕改의 교육정책 남발로
교육계는 정신없이 허둥대고
학생과 학부모는 우왕좌왕 대는
악순환의 고리를 이젠 끊고
미래를 열어가는 교육시스템으로
소망의 새해를 맞도록 하자

"정의가 실현되는 민주사회"
발전을 위해 피-땀 흘려왔다
준법정신의 생활화를 이뤄
자유 평등 인권이 만개한
법치국가를 이루어야 한다
반칙과 특권이 용납되고
비리와 사회악이 활개치는
정의롭지 못한 혼돈의 시대는
이젠 마감짓고
법이 지배하는 정의로운 사회로
소망의 새해를 맞도록 하자!

* 조변석개(朝變夕改) : 계획이나 규정 따위를 자주 뜯어고침

건국대통령 기념관 없는 나라

건국대통령 이승만 박사는
우리민족의 선각자이다
국권회복에 젊음을 다 바치고
해방 후 혼란한 와중에서
역사상 최초의 민주공화국인
대한민국을 건국해서
國基를 다져 놓았고
북한 공산괴뢰군의 남침을
탁월한 외교력을 발휘해
6.25전쟁을 극복해 냈다

집권 12년간 대통령 재임 시
국난 후 혼란을 수습하기 위해
대통령 의사에 반한
집권 연장을 위해 실정한 것을
우리 국민은 잘 알고 있다
건국대통령의 업적과 과오는
각각 분리해서 객관적으로
재평가 되어야 마땅하다
편견을 갖고 매도해서는 안 된다

역사란 흐르는 시간과 함께

재인식 되게 마련이고
功도 過도 역사의 일부일 뿐
신생독립국인 대한민국을
민주공화국의 반열에 올려 놓았고
풍전등화에 처한 조국을 지켜서
오늘의 대한민국을 존재케한
업적은 그 무엇보다도
높이 평가 되어야 마땅하다

선진국은 물론 후진국까지도
국가의 정체성을 세우기 위해
대통령 기념관을 앞다퉈 갖고 있다
지상 최악의 인권 탄압국인
북한조차도 금수산 태양궁전을 세워
김일성 왕조를 신격화하고 있는데
세계 속에 우뚝 선 민주공화국에서
지금에 이르도록
건국대통령 기념관을
갖지 못 할 이유가 무엇인가?
위정자들에게 묻고 싶다
"시간은 흐르고 역사는 발전한다"

지역주의 정치놀음을 이젠 청산하자

지난날 어두웠던
우리의 헌정사를 되돌아 보면
지역 간의 갈등을 조장
정략적으로 이용하여
국민을 사분-오열 시켰다
이젠
국민의 뜻을 한데 모아
국력을 통합 배가 시켜
우리의 소원인 남북통일을
하루라도 더 앞당겨야 한다

국민을 위한 국민에 의한
바른 정치를 실현 시키려면
각계-각층의 다양한
국민 여론을 바르게 수용 수렴해
대화와 소통의 정치력을 발휘
국민통합을 이루어
밝은 미래를 열어가야 한다

우리의 헌정사는
국민 통합을 이뤄내지 못했다
정치적 야욕 달성을 위해
지역 간의 갈등을 조장 부추겨
정략적 지역주의 놀음에
안주하려는 파렴치한
정치인의 정치 참여를
국민이 깨어있어 막아야 한다

지역주의 정치-놀음을
이젠
종지부를 찍어야만
국운이 활짝 열리고
국민 통합을 이뤄낼 수 있다
국민의 깨어있는 단합된 힘으로
선거혁명을 이루어
지역주의 정치놀음을 청산하자!

한국개신교는 새롭게 깨어나야 한다

교회는 법적, 교리적으로
어느 누구의 소유물이 될 수 없다
하나님의 교회요 신도들의 교회다
일부 사이비 목회자들이
교회 대물림 과정에서 보인
*목불인견의 추태로 인해
개신교의 위기를 자초케 했다

초기 한국 개신교 목회자들은
사랑과 희생과 봉사 정신으로
기독교의 사명을 다하기 위해
순교 정신으로 선교에 힘써
세계가 놀랄 만큼 성장을 이루었다
오늘날의 개신교 목회자들은
물질의 탐욕과 명예욕에 오염되어
사회의 존경과 신망을 잃고 말았다

일부 개신교의 사이비 목회자들은
입에 발린 사랑을 앞세워
기복신앙과 율법의 굴레로

신도들의 영혼을 옥죄어
거둬들인 거액의 헌금으로
기독교의 사명을 외면한 채
초호화판 교회를 신축해 놓고
호화생활을 즐기는데 도취해 산다

개신교 사이비 목회자들은
피-눈물로 회개하고
*환골탈태 해서
초기 개신교 목회자들의
희생정신을 이어받아
사랑 받는 하나님의 종으로
십자가를 지고
신도들의 바른 영성 훈련을 통해
말씀위에 바로선 기독교로
새롭게 깨어나야 한다

* 환골탈태(換骨奪胎) : 전혀 새로운 사람처럼 되는 것
* 목불인견(目不忍見) : 차마 눈을 뜨고 볼 수 없음

남이섬

북한강 강물이 굽이쳐 흘러
억겁년 세월 동안
토사를 나르고 모아
청평호 호반에
구릉 없는 나뭇잎 모양
남이섬을 이뤄놓고
한 많은 南怡 장군을
고이 잠들게 모셨구나!

물새, 산새 무리들이
사랑에 빠져 노닐다가
서서히 내리는 어둠에 쫓겨
뒤늦게 보금자리를 찾는
청아한 노랫소리가
화음을 이룬 산울림 되어
외로운 나그네를
가을 정취에 흠뻑
빠져들게 하는구나!

가을바람이 머물다간
비단결처럼 잔잔한 호수에
어둠이 무겁게 깔리면
물안개 스몰스몰 피어올라
한 폭의 동양화를 그려놓고
청명한 가을밤 하늘의
별빛이 호수에 쏟아져 내려
물결 따라 출렁대는
비경은 가히 환상적이구나!

그리운 옛 고향

산 넘고 바다 건너
하늘 끝 저-멀리
철새들이 쉬어 가는
아득한 섬마을
오늘도 잊지 못해
망향 노래 부른다

강남 갔던 제비들은
옛집 찾아 왔겠구나?
못 잊을 *막역지우
어디로들 떠났는가?
그리워라 학창시절
아름다운 옛 추억…

찔레꽃 곱게 피면
꽃다발 만들어서
수줍어 말 못하고
내밀던 이쁜이는
어느 하늘 아래에서
사랑고백 되뇌일까?

고향동무 마주앉아
넘치는 술잔 들며
닭서리 참외 서리
못다 한 사랑 이야기
모두 다 털어놓고
*파안대소 하고파라

가고파라 옛 고향
보고파라 *죽마고우
지금가도 옛날처럼
변함없이 반기겠지
무정세월 흘렀지만
우정만은 남았겠지…

* 막역지우(莫逆之友) : 허물없이 지내는 친한 벗
* 죽마고우(竹馬故友) : 어릴 때부터 친한 벗
* 파안대소(破顔大笑) : 매우 즐거운 표정으로 크게 웃음

교권추락만은 막아야 한다

나라의 융성은
바른 교육으로 이루어진다
교사의 사랑과 열정이 있어야
바른 가치관을 갖춘
인재를 양성하게 된다

오늘의 교육은 교권 추락으로
교실이 수면장화 되고
존경받아야 할 교사가
학생들의 조롱거리 대상이 되는
암담한 학교 교육의 현실을
개탄하지 아니할 수 없다

분별력이 아직 미숙한
어린 학생들의 지나친
자유와 인권 주장에 앞서
인권과 자유를
올바르게 향유할 수 있는
자질과 품성 도야가 먼저다

의무와 책임이 수반되지 않는
자유와 인권의 남용은
방종과 무질서를 부르게 된다
자유의 규율 있는 제한을 통해
자유와 인권을 바르게
누리도록 지도해야 한다
학교는 인성훈련의 도장이며
회초리 교육도 인성교육이다

옷깃을 여미어야 할 현충일

고귀한 목숨 바쳐
파죽지세로 몰려오는
북한 공산 괴뢰군을
맨주먹 육탄으로 막아
풍전등화에 처한 조국을
지키다 산화하신
호국영령들을 기리는 날!

조국을 위해 목숨 바친
님들의 위국-충절의
뜨거웠던 피-눈물이
대한민국의 자양분 되어
세계 속에 우뚝 솟은
오늘의 자랑스러운 조국
대한민국을 있게 하였다

6월은 호국보훈의 달!
1회용 행사에서 벗어나
오천만 온 겨레가
옷깃을 바르게 여미고

새로운 각오와 다짐으로
숭고한 님들의 높은 뜻 받들어
자유, 번영, 통일로 보훈 하리라

역사에 길이길이 남을
숭고한 님들의 희생정신!
뜨거운 조국애를
결코 잊지 않으리라…
온 겨레가 하나 되어
자자손손 영원히
님의 뜻 받들어 추모하리
호국의 영령들이시여
고이고이 잠드소서

고하도(高下島)

美港 목포항을 감싸듯
龍모양으로 남서로 길게 자리한
神이 빚어놓은 자연의 방파제로
휘몰아치는 사나운 폭풍우
천만번 밀려드는 파도를 막아
천혜의 양항 목포항을 이루고
끊임없이 드나드는 선박들의
길잡이 역할을 하는 섬 고하도

임진왜란 때는
군선 수리소, 군량미 비축 기지로
명량대첩을 이루게 하였고
조선 말기에는
*육지면 시험 재배지로
추위에 떨던 동포들의
겨울 추위를 면케 하였으며
일제 강점기에는
일본군 비밀 병참기지로
수많은 군용 동굴이 남아 있어
역사의 굴곡을 그대로 안고 있는 섬…

고하도에 목포 신항 개발로
목포 발전의 서광이 열리고
서해안 고속도로와 외항 연결로
아름다운 목포대교가 조성되어
*용머리와 유달산 정상을 연결할
해상케이블카의 꿈이 실현되는 날
바다와 산과 유적이 어우러진
서남해의 관광명소를 이루어
몰려드는 관광객들의
가슴을 설레이게 하겠구나!

* **육지면(陸地棉)** : 목화의 개량종
* **용머리** : 고하도 서쪽 끝 바위가 용머리를 닮아 붙여진 지명

애환을 함께 해 온 월미도

우리민족의 험난했던
역사의 분기점마다
민족과 애환을 함께 해 온
인천항의 월미도!
인천 내항을 가슴에 안고
수도권 해상 관문으로
국력이 세계로 뻗어나가는
전진기지 역할을 맡아왔다

인천항 개항기에는
새로운 문물을 받아들이는
관문의 역할로…
한국전쟁 시기에는
후퇴만 거듭한 전세를 역전시킨
인천상륙작전 첫 상륙지로
월미도 개방 이후에는
바다와 산과 전통이 어우러진
월미공원 조성 개방으로
시민들의 사랑을 받는
관광 명소로 탈바꿈 하였다

눈부시게 발전한 월미도
반세기 긴 동안 출입 통제로
훼손되지 않은 숲이
아름다운 숲터널을 이루어
향긋한 풀 내음과
조잘대는 산새들의 노랫소리는
세파에 시달린 시민들의
심신을 달래 주겠구나!

월미산 정상에 다다르니
조망 공간이 빼어나
경기만의 올망졸망한 섬들…
한 폭의 동양화를 그려놓고
정상에서 맞이하는 일몰 또한
그지없이 장엄하고 화려하다
낙조의 하늘과 하늘빛을
그대로 담아놓은 서해바다는
온통 선명한 핏빛으로
섬뜩함마저 느끼게 하는구나!

이
전
호

경북 군위 출생
계명대 대학원 회계학과 박사과정 수료
경일대, 미래대 겸임교수 등 역임
〈국제문예〉 시부문 등단, 대구문인협회 회원
현) 세무사, 고모시문학동인회 회장

화본역 급수탑

가을바람 구름 말아와
이부자리하고 있는 곳
그리움,
옷고름 풀어 헤친
촌색시,
목마른 기관차
젖 먹이던
화본역 급수탑
조림산
만남과 헤어짐
굽이쳐 도는 삶의 편린
울고 웃으며 함께한 세월
멈춰져버린 너의 심장
새 옷 갈아입은 화본역
급수탑 벽면
담쟁이 덩굴
왕자를 유혹한
라푼젤의 금빛머리
햇볕살 뭉쳐오는 여린 창
갇혀 살아 온 라푼젤
애잔한 기다림
그 기다림의 아이콘
숨겨진 속살 황소뿔빛 몸
봄햇살 따스한 사랑을 해줄까

봉림역

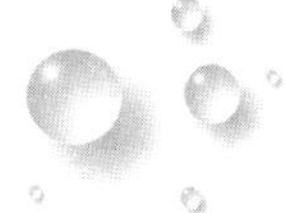

누굴, 위한 기다림일까
팔공산 시루봉 끝자락 돌아
산새소리 물소리 따뜻한 봉림역
인각사 불경소리
가슴 타는 조림산
해질 녘,
종종걸음
설레던 장(場)마중
푸른 꿈 행복나래
춤추는 대합실
대구행 완행열차
팔공산 허리춤
험준한 곡선 길
애간장 태우며
힘 실어 올랐던 군용트럭
푸른 숨결 그대는 아는가
기다림에 지친 그대여
내릴 사람 없고 찾는 이 없는 봉림역
숨겨진 속살
사랑받고 싶어지네

세 송(稅松)

소나무가
세금을 내고 있다
600년 푸른 절개
예천 땅의 석송령
장학금도 주고 있네
양심 저울추에서
흔들리던 세심(稅心)
눈 녹듯 사라지네

산들바람

– 내 고향 산성

팔공 조림 화산이
병풍처럼 둘러싸인 요새
팔공폭포 물결소리
덕림사 선정삼매
어머님 품 속
새소리 바람소리 화두삼아
숱한 세파
가슴에 부딪히며
들꽃처럼 살아온,
콩잎김치, 보리밥
고추물금, 호박범벅
한자락 그리움,
어머님 손맛
백학지
삼국유사 화본마을
여린 추억 일렁이는
화본역, 봉림역
팔공산성 혼을 이어
산성이라 명명(命名)한 길지
봄 햇살 산들바람이

세 풍(稅風)

줄일까 늘일까
복잡한 셈법
흔들린 세심(稅心)
세로(稅路)를 비켜간다
국경도 넘어가네
강한 세풍(稅風) 불어온다
먹구름
소나기가 내려친다
떨어지는 탐스런 열매
웃음꽃 사라지네

V. A. T

약방의 감초처럼
세금에도 감초가 있다
소득세, 법인세
골격근 만드는 미트콘트리아
국세의 리더 부가가치세

생산, 유통, 소비
삼색선 넘나들며
사랑을 주고 받는다
카드단말기 삐익소리
현금영수증 속삼임
전자세금계산서 인증샷
맑아지는 세심 웃음꽃 활짝
나라사랑 열매가 영글어간다

TAX REPORT
– 세금신고

가슴이 두 근반 세 근반
떨리는 손
무언가 써 내려가고 있다
사랑 담긴 편지일까
깊은 생각 머리가 뜨거워진다
이리 맞추고 저리 맞추고
늘여도 보고 줄여도 본다
양심 저울추 요동을 치고 있다
흔들리는 세심(稅心)
등줄기 식은땀
숨고르기 시작된다
입가에 옅은 미소
힘차게 마침표를 찍는다
행복한 갈무리
세금신고서 눈을 뜬다
봄 햇살 따스함이

봉정암

하늘과 맞닿은 설악산
한반도가 한 눈에 들어온다
부처님 진신사리 천하명당
1244미터 암반 위 성지
봉황이 부처님 이마에서 사라진
아! 적멸보궁 봉정암
용아장성, 울산바위, 솟구친 기암괴석군
천년의 세월 사리탑을 참배하고 있네

거친 숨, 오체투지로 기어 올라온
극락과 지옥의 경계 깔딱고개
삶의 무게, 번뇌망상 모두 내려놓았네
우중을 헤치며 다가간 불심
봉정암 선경(仙境)에 중생심 사라지네

사리탑에 걸쳐있는 구름
아! 인생은 한 조각 구름이라 했던가
삶과 죽음이 하나
삶과 죽음을 초월하는게 해탈일까
설악의 깊은 밤 바람소리
중생의 업이 녹아든다
달님도 함께하는
향기로운 불경소리 목탁소리
비우고 또 비운 마음
부처님 염화미소 천지에 피어나네

* 청하사

여름 끝자락 발길 돌려
물소리 바람소리 따뜻한
고향길목 산사로 찾아든다
팔방미인 큰스님
해맑은 미소로 반겨주신다
법당 앞 반석에서 졸고 있던 해탈이도
꼬리 흔들며 방선을 한다

찻사발, 다향 그윽한 가람
도공의 숨결이 들리는 차실
스님 손수 우려낸 차 한잔
삶의 여유가 묻어나고
열창하는 청산가 애절함에
맺히고 답답했던 가슴 열리고
초록의 향기가 감돈다
무아(無我)와 연기(緣起)로
시공을 넘나드는 법문
삶의 무게와 번뇌 사라지고
불심이 영글어 간다
내 마음 깊은 곳
가을 빛 고운 햇살이
내려앉고 있다

*** 청하사** : 경북 영천시 청통면 소재 사찰

조세피난(tax haven)

세금도 긴 여행(피난)을 떠나네
은빛물결 넘치는 카리브해안
버진아일랜드 방갈로 속으로
폭식으로 비대하고 지친 몸
에스라인 다이어트
처방전 없는 페이퍼컴퍼니
숨죽여 가며 성공할 수 있을까
거친 파도와 외로움
감정의 억눌림 고향 생각에
더 불어난 몸집, 양날의 칼
생기돌던 얼굴 핏기가 사라지네

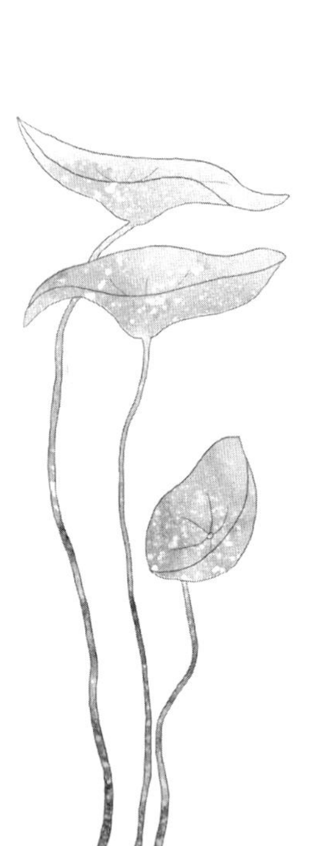
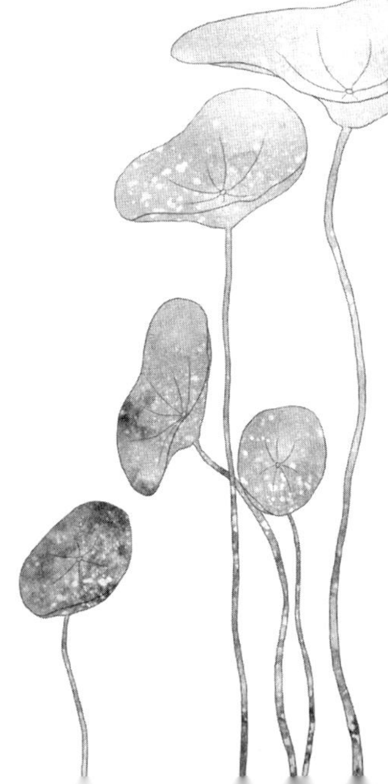

이종남

경북 칠곡 출생, 아호는 碧松
영남대학교대학원 국문학박사(수료)
<영남문학> 수필부문, <국제문예> 시부문 등단
<국제문예> 대구광역시지부 고문

백두산 기행

웅장한 천지 맑은 물
백설을 이불 삼고 구름 벗 삼아
하늘 높이 솟은 산아
천지 호수 머리에 이고
인산인해
사방으로 줄기 뻗어
높고 낮은 계곡
두만강은 한중국경
장백산폭포 장엄한 기상
삼천리금수강산 칭송 받고 싶어서
만고풍상 겪으며
연변 길림성 용정 대성중학교
민족의 얼 깃든 해란강
윤동주, 송정 선구자 노래비
끝도 없이 너른 벌판 옥수수밭
서로 다른 종류의 풀과 꽃들
하늘이 은하수 쏟으니
옛 산하 복구 기원일세

옛날을 생각하며

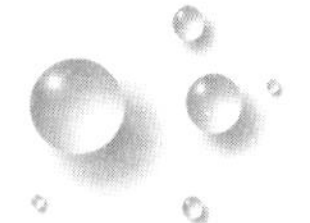

삶의 동아줄, 졸지에 힘없이 터져버린
꽃은 가난한 영혼을 지닌 자들에게는 낙원
쉼표나 느낌표처럼 숨을 고르게 했던 일
갈고 닦은 구슬이 더 빛나는 것처럼
자신의 글이 작품으로 내어 놓았을 때
빛나는 구슬이기를 원한다면
마음의 양식
빛을 닿은 물건들은 유리알처럼
반짝반짝 빛을 내며 생기가 돌았다
부드럽다는 물도 길을 찾지 못하면
저렇듯 아우성이다
창문으로 들어오는 투명한 햇살만이
한가로이 이곳저곳을 기웃거리며
햇살이 비쳐 나눠주느라 바쁘다
언제나 정신이 육체를 지배할 것이라고
생각하지만 육체가 오히려
정신을 지지하고 있다는 사실을

돈

물욕은
무한대
없으면 더욱 더 근심
욕심은 끝 없고 베푼 만큼
돌아온다는 섭리
부모 형제
우애 인정사정 없는 돈
설산이 황금이라도 한 사람의
욕심을 채우지 못하듯
이곳저곳 돌아다니는
너의 힘 정말 대단하구나?
오래 묵은 독이 장독대를 지키듯
항아리로 치면 그다지 크지도 깊지도 못한
삶은 새로이 봄을 맞아 친절을 베풀면 저축
욕심은 죄를 낳고 죄는 사람을 죽인다
인간은 자신의 무게에 눌려서 일어날 수 없는
지경이 되는 약하고 어리석은 존재
남자가 가을을 타는 것도 욕망 때문이고
여자가 쉽게 울음을 터뜨리는 것도
욕망으로 인해 스스로 자멸하기도 한다

화 장

보리밭 사이에 엎드린 봉분에
마음이 홀딱 빼앗겼다
풍수지리 연화부수형, 행주형
나침반, 수맥봉, 지가기
상석, 도리석, 망두석, 비
지금은 매장보다 화장을…
납골당, 수목장, 조장, 풍장도 있다
하늘 이불, 땅이 돗자리, 산은 베개로다
달이 촛불이요, 구름은 병풍
꽃은 바람이 없어도 떨어진다
머뭇거리는 산, 달리는 건 냇물
인생은 강물에 뜬 나무 같네
그 죽음이 편안하게 거기서 존재하고 있다
공원묘지 "묘비명" 세상에서 가장 사랑하는…
편안히 잠드시길, 먼저가 기다리길…
떨어지는 눈물 멈추지않네
죽음이라는 이별 뒤엔
언제나 후회만 남는 것일까?

포 용

마음으로 꼼꼼하게
읽으며 거울을 닦는다
뜨거운 태양으로 변했다가
푸른 바람 속에서 춤을 추었다
손가락 사이로 빠져나가는
잡히지 않는 바람 같은 시간 속에서
자신까지 일그러뜨리며
시 쓰기 앞서 삶에 헌신해야 한다
덧셈과 뺄셈을 하는
삶은 결코 끝이라 할 수 없다
삶에 몰두한 영혼을 찾아
그것은 언제나 분주하다
세상을 조금 떨어진 곳에서 보는
넉넉함이 마음을 열게 하는 것이다

사람

멀리서 바라보면 의젓하고 엄숙한 사람
가까이 다가가면 따뜻한 사람
말을 들어보면 논리적이고 합리적인 사람
가진 것으로 존재가치를 인정받는
자본주의 사회에서 가난은 주눅 드는 일이다
겨울 햇살의 재촉을 받으며
노 없이 더 내려 보낸 기억밖에 없다
바람이 두터워야 큰 새가 날 수 있고
허공에 구름집 한 채 근사하게 짓는다
불행을 원망하고 괴로워하느라
시간을 낭비할 필요가 없고
인생은 한없이 늘어진 시간을 주지 않는다
지금 행복의 씨를 뿌리고 싹을 틔울
고생 하지 않으면 행복의 맛을 보기는 어려운 법
잠긴 뿌리가 아름다운 연꽃으로
피워내는 향연을 출렁이는 물결로
많은 사람의 마음 받으며…

작별

나비들
끼리끼리 어우러져
산과 들을 흔든다,

절은 산으로
깊이 들어갈수록
더욱 고즈넉해지더라,

마음의 햇볕 사라진
밀밭에 벼가 나면
보리밭에 밀이 나면 잡초다,

마지막을 작별하며
잡은 손, 먼 이별
눈빛 애절했다

콩나물

동이에 쳇다리
걸친 검은 보자기
콩을 품은 방 윗목에
콩나물시루

시루가 흘러 보낸
졸졸 물소리 들으며
자라는 콩나물
보는 기쁨에 힘든 줄 몰랐다

박 바가지 자주 물을 붓고
통통하게 살이 오른 콩나물
시루 위로 솟아오른다

지금은 베란다 구석에 엎드려
골동품이 된 시루, 물은 아래로
빠져도 콩나물은 잘도 자란다

추억

어릴 때 찍은 가족사진
카메라의 렌즈 보고 울고
칠십 년 지난 사진 인물들

유년시절 앵두 입술
세라 복 입은 남매사진
바람이 멀리까지 메아리치고

청소년 스냅사진
꽃, 나무, 강, 바다
모란이 만발하니 경치

장마비 그치고
석양빛 아름다워
책 읽으면 편안한 세월
유유자적 살아가는 모습

고희(古稀)
학은 어두운 소나무 사이로
날아가는 기러기만 바라본다

삶
– 길

단발머리 시절
사연 많은 연속
굽이굽이 험한 길
걸어온 길이 까마득한
빠른 걸음으로 숨도 고르지 않고
눈 깜짝 할 사이 다툼도 많았지
마음만은 타오르는
푸른 하늘 저녁노을
수많은 추억 잊어가는 기억 상처
인간은 어차피 혼자인 걸
어느새 회색빛 석양
갈 길 얼마 남지 않아
산기슭 이곳저곳마다
봄바람은 웃고 있네

최국봉

성균관대학교 유학대학원 수료, 아호는 국봉
한국서예협회, 한국문인화협회 초대작가, 대한민국 서예대전 심사위원, 운영위원
한국서예협회 충남지회장 역임, 현) 고문, 동양철학회 중앙회장 역임, 현) 명예총재
<국제문예> 시부문 등단, 저서 시집 『같은 것 같아』 외, 『계의신결』, 『삼명통신』 외
성균관 전학, 선문대학교 사회교육원 교수, 현) 중화(中和)사상 연구원장

바 보

식물마다 피는 꽃
형형색색 예쁜 모양
제각각 뛰어난 향기
저토록 아름다운 자태
어떻게 생긴 것일까?

곳곳마다 사는 동물
저마다 기묘한 생김새
고운 터럭, 깃털, 비늘
볼수록 자연의 신비감
어떻게 생긴 것일까?

아름다운 의복
향기로운 화장품
가진 단장 다 해봐도
자연의 차림새만 못한
사람 너는 바보 바보

마음의 밭 갈고 닦아
고상한 품격 감췄다면
늦가을 핀 국화처럼
아름답고 그윽한 향기
십리 밖까지 퍼지련만

사향노루 있으면
자연히 향기 나듯이

못다 핀 꽃

화창하던 어느 봄 날
온갖 꽃들 다퉈 필 때
못다 핀 꽃 한 송이
일진광풍 못 견디고
애처로이 떨어져라
누가 봄을 무심코
아름답다고 말 했나
쓰린 아픔 어이 하라고

녹의홍상 차려 입고
다시 새 봄 돌아 왔네!
만산 홍록 울긋불긋
가지 잎은 여전 한데
물이 옛 물 아니듯이
꽃은 옛 꽃 아니로세!
못다 핀 아쉬움 남아
향기조차 앗아갔나?

* 불의의 사고로 갑자기 세상을 떠난 지기(知己)를 그리며

세월 무정

세월아 오지를 마라
네가 오면 나는 간단다
반갑잖게 오는 세월
따라 가는 인생이더라
아침에 핀 고운 꽃잎
저녁이면 시들 줄이야
사랑도 행복도 부귀영화도
풀잎 끝에 이슬 같더라
보람 없는 허송세월
후회도 많지만
밤 낮 없이 흘러가는
강물과 같더라
아~ 아~ 아~
다신 못 올 인생이더라

세월아 가지를 마라
네가 가면 나도 간단다
가는 곳도 모르면서
따라 가는 인생이더라
어제 청춘 오늘 백발

이렇게도 빠를 줄이야
가인도 재사(才士)도 영웅호걸도
한 번 가면 오지 않더라
꿈결 같은 짧은 생애
할 일도 많지만
무정한 저 세월이
놔주질 않더라
아~ 아~ 아~
허무한 건 인생이더라

세태(世態) · 1

오호 통재라!
어쩌다 이 지경에 이르렀는고?
아침 해가 찬란히 돋는 나라
삼천리금수강산 동방예의지국
자손만대 무궁하라고 나라꽃도 무궁화

초근목피 밀기울로 연명하던 보릿고개
삼사십리 지게 지고 시장 보던 산 고개
가을되면 이엉 엮어 지붕 덮던 초가집
섭 울타리 둘러치고 싸리 대문 여닫이
집집마다 아들딸들 많게는 칠팔 남매
콩 한쪽도 나눠먹는 부모님의 참 교육
가세곤궁 어찌하랴 기껏해야 초등학교
그래도 순박하던 사람냄새 풀풀 났지
이것이 생활 풍경 흘러간 옛 추억이여!
상고적 얘기 아닌 오륙십년 전이였지

천지개벽 했나 극락 천국인가
넘쳐나는 먹 거리, 넘쳐나는 의복
넘쳐나는 호화 주택, 넘쳐나는 자동차

넘쳐나는 미남 미녀, 넘쳐나는 예술인
넘쳐나는 사장 원장, 넘쳐나는 지식인
넘쳐나는 정치인, 넘쳐나는 종교인

그렇지만 세태는 헝클어진 실타래
교육율 세계 상위, 근면율 세계 상위
만혼율 세계 상위, 이혼율 세계 상위
자살율 세계 상위, 성형수술 세계 상위
개복출산 세계 상위, 출산율 세계 하위
예의질서 세계 하위, 행복지수 세계 하위

성씨도 가짜, 양심도 가짜
웃음도 가짜, 얼굴도 가짜
처녀도 가짜, 명품도 가짜
박사도 가짜, 도사도 가짜
식품도 가짜, 약품도 가짜

무엇 때문일까?
인간성 결여 때문, 상품화 교육 때문
허영심 팽만 때문, 물질적 충족 때문
기준이 없기 때문, 기강이 없기 때문
신의가 없기 때문, 중심이 없기 때문
허 허 참
어쩌다 이 지경에……

세태(世態) · 2

나 어렸을 적
재밌는 놀이론
기껏 해봐야
땅 따먹기 놀이
딱지 따먹기
자치기 놀이
고무줄 넘기
모두가 다투고 뺏는
전쟁의 잔영이었지

고요한 적막을 깨는
은은한 새벽 종소리
방방곡곡 울려 퍼지고
새마을운동 열풍으로
경제성장 고도일 땐
넉넉한 마음씨
여유 있는 옷차림
머리는 귀를 덮은 장발
나팔바지 긴 치맛자락
길바닥을 휩쓸었지

1인 소득 2만불 시대
속은 텅텅 빈 강정 꼴
요즘 민초들의 자화상
내린 머리 눈만 빠끔
이마 없는 반쪽 얼굴
잠자다 뛰쳐나온 양
찰싹 붙은 내복 바람
중요한 곳만 겨우 가린
보기 민망한 과대 노출

모두가 여유 없는 불황의 합주곡
두려워라 시대 반영 유행병이여
그 물결 어디서부터 흘러 왔나?
먼 옛날 뛰어난 현철들
멀리는 사물에서 취하고
가까이는 몸에서 취하여
천심의 향방을 살피고
시국의 안위를 점쳐봤지

세태(世態) · 3

미풍양속 옛 말 일세
상전벽해 따로 없네!
막돼가는 요즘세상
어디까지 가려는가?
아무리 다양 문화
잡탕 세상이라지만
명색 좋은 미풍양속
동방예의지국 인데
어쩌라고 남편보고
오빠라 부르는가?
그것도 사석 아닌
만인 청취 방송 중에
허어 참
세계적 망신이로고

세태(世態) · 4

옛 부터 우리속담
어리석은 사람 일러
숙맥(菽麥)이라 불러왔지
콩 보리 구별 못해
붙여진 이름이지

옛 부터 우리 말씨
좋지 않은 사물 두고
개 같다고 불러왔지
진실 되지 못하다고
붙여진 이름이지

농가성진(弄假成眞) 참말 일세
요즘세상 개판 문화
사람보다 개가 우선
족보 있는 개 한 마리
사람보다 값 나가네!

양육비용 많이 든다
자식 하나 달랑 낳고

동물 사육 어렵잖나
개 고양이 우글우글
사람 동물 구별 없나
개를 보고 자칭 엄마?

모성애가 지나쳤나
이게 무슨 망발인가
콩 보리를 모르는가?
숙맥이 따로 없네!
때는 바야흐로 개판시대
가짜가 판을 치는 세상
에이 쯧쯧

세태(世態) · 5

열풍이 분다
태풍이 분다
효소(酵素) 바람이 분다
식물, 열매 무엇이든
효소의 자료 되어 만병통치?
그 바람 중화(中和) 바람이다

중(中)은 생명체의 중심인 땅
땅의 색은 누르다
그 맛은 달다
누른 설탕의 조절이 아니면
발효의 조화(調和) 생기지 않는다
황설탕 같은 존재 바로 '중화사상' 이다

천 치(天癡)

자신을 속이는 것 보다
더 큰 어리석은 것은 없다

愚莫大於自欺

모 순(矛盾)

마음 밭에 공(空)과 무(無)의 씨앗 뿌려놓고
간절히 기도하는 소망 부귀공명 싹터달라고

心田播無空之種
祈望出富名之苗

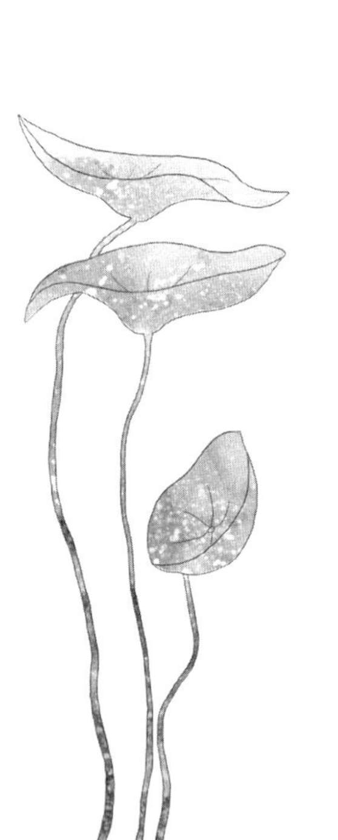
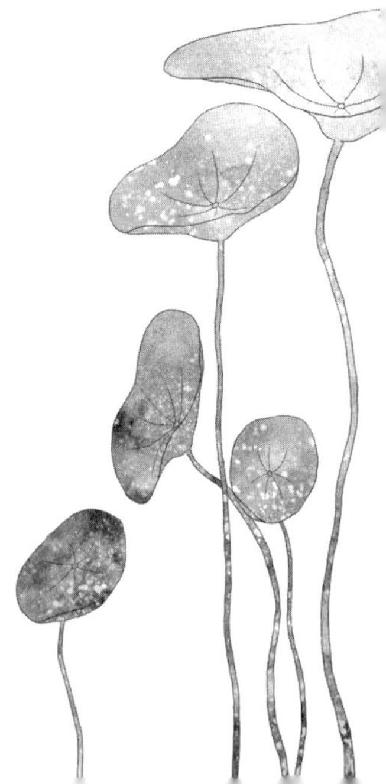

최진희

전남 나주 출생
서중 및 광주 고등학교 졸업
한국외국어대 및 서울대 행정대학원 졸업
경제기획원 및 상공부 근무, 중소기업진흥공단 이사 역임
<국제문예> 시부문 등단

우리 설날

우리 설날은 색동옷 곱게곱게 입고서
할아버지 앞에서 강남스타일 신나자
할머니도 우리가 춤추는 걸 좋아하신다

우리 설날은 하늘높이 멋진 연을 날리자
아빠는 독수리 날개 연을 만들어 주시고
엄마는 온 식구 함께하는 떡국 쑤신다

우리 설날은 친구들과 눈싸움을 하고
누나는 빨간 치마 펄렁 펄렁 그네 뛰네
형들은 획획 달리는 스케이팅을 한다

음력정월 보름

저 나뭇가지 사이로 밝은 달의 아리랑
논 두렁 옆으로 난 동리 길을 밝혀주고
보름달은 고향의 부모를 그립게 한다

온 가족이 즐거운 보름날 우리 아리랑
늦잠 자는 동생 눈썹을 하얗게 칠하고
누나 불러서 왜? 하면 내 더위하고 웃다

우리 동리 아이들은 불꽃놀이 아리랑
논 가운데 모닥불 피워놓고 깡통불로
불꽃을 빙빙 돌리던 친구들 보고 싶다

경칩날

대동강 얼음도 풀린다는 경칩날에는
모란봉 추위 거두고 꽃망울이 서는가?
따뜻한 봄바람을 남풍에서 맞이하소

땅속에서 개구리가 나오는 경칩날은
금강산 골짜기도 봄소식이 들리는가?
꽁꽁 언 손을 봄 손님이 와서 만져주랴

얼음 땅이 녹아서 싹이 트는 경칩날은
압록강 건너로 봄 냄새를 교역하면서
임진강 사이로 봄나물을 팔고 사자꾸나

한식날

한식날 봄 날씨가 추위를 먹어치우면
화가들은 매화꽃을 가지 위에 그리고
꽃망울 터진 소리를 새색시가 반긴다

한식날은 하늘이 맑다는 청명이건만
어이 황사가 서북풍 타고 날아오는가?
그래도 별빛 밝은 밤하늘이 맑고 맑다

한식날 식목일 헐벗고 붉은 산이었건만
하루 석탄 팔백 량을 서울에 공급하여
붉은 산을 푸르게 한 *녹색혁명 전설이다

*** 녹색혁명** : 1960년대는 산에서 나무를 베어다가 추운 겨울에 땔감을 하기 때문에 매년 식목일날 나무를 심고심어도 산들은 헐벗고 붉은 산이었다. 그 당시 정부는 붉은 산을 푸르게 녹색혁명을 위하여 1968년부터 70년대에 걸쳐 경제기획원은 월동대책을 세워서 철도청에 수송사령부(용산)를 두고 강원도에서 채굴한 석탄을 겨울철에는 하루에 800량씩 매일 서울로 수송하여 수도권에 연탄을 공급할 수 있도록 했다. 그 결과로 1970년대 중반쯤에는 서울 인근 산에는 소나무들이 어른 키 허리에 닿을 만큼 자랐다.

어린이 날

아이들이 기다리는 어린이 날 아리랑
엄마 아빠와 우리는 동물원에 갔었지
코끼리의 긴 코가 과자 집는 손이래요

고아원은 선물을 기다리는 어린이 날
아빠가 그리울 때 아저씨가 오셨지요
엄마가 보고 싶을 때 천사 누나가 왔네요

저금통을 꺼내고 친구 돕는 어린이 날
배가 고픈 아프리카 어린이를 돕고자
어린이의 저금통이 기뻐하는 아리랑

입하(立夏)

개나리꽃이 풀잎 나고 벚꽃 피고 지자
꽃핀 봄을 시샘하여 여름이 다가서서
아이들은 긴소매 걷어 올린 입하(立夏)라네

입춘대길(立春大吉) 맞이하려 대문을 크게 열고
집안 뜰에는 빨갛고 노란 꽃들이 웃는
봄 잔치가 한참인데 어이 입하(立夏)이런가

아카시아 향기가 봄바람을 밀고 나자
꿀을 따는 벌들이 뜨거운 바람을 타고
바지 밑으로 더운 공기가 입하(立夏)시라네

하 지(夏至)

낮 시간이 길고 길어서 하지(夏至)라 하지요
햇빛이 길어서 그대 그림자는 작아서
그대와 즐기자하는 밤 시간이 짧구나?

장미꽃이 유월의 여왕을 뽐내고 앉아
붉은 정열이 훌훌 타오르는 듯 빨간 꽃
그대가 뜨겁게 사랑하는 하지(夏至)라 하오

저 넓은 들판에 논과 밭에서 알 싹들이
뜨거운 햇볕을 온몸으로 받아들이고
벼들이 키를 재고 자라는 하지(夏至)라 하오

복날(伏日)

여름이 오면 첫 더위가 오고 초복이다
아직도 봄꽃의 향기가 코 아래 남아서
더위를 낯선 손님처럼 푸대접 한다네

초복이 지나 스무날이 되면 중복이다
아스팔트의 뜨거운 공기가 날아오고
더위 피해서 물가로 피서를 간다구나

햇볕이 들판을 뜨겁게 하는 말복이네
곡식이 자라기 위해 더위도 참아야지
여름 연단을 거처야 가을 수확을 한다

칠석(七夕) 날

음력 칠월 초이렛날 밤의 칠석날에는
견우와 직녀가 헤어진 사랑의 전설이
은하수 건너는 오작교에서 만난다네

견우는 소처럼 쟁기질 일하는 농사꾼
직녀는 베틀에서 옷을 짜는 여인인데
질투하는 누군가 두 사람을 떼어놨지

별이 흐르는 은하수는 구름에 가려서
칠석날밤 비가 오면 사랑의 눈물이요
전설의 이야기가 이 가슴을 적셔준다

추석날의 노래

뜨거운 여름철이 끝나지도 않았는데
비바람 태풍으로 모시고 온 그 손님은
추석날 가을하늘을 활짝 높이 열었다

고향에 부모 뵈러 형제들이 모여들고
풍성한 오곡백과 논밭에서 추수하여
추석날 먼 가족들이 잔치하려 모였다

아이들은 황금 들판에서 메뚜기 잡고
누나는 분홍저고리 다홍치마 입고서
친구와 번갈아 널판자 위 널뛰기한다

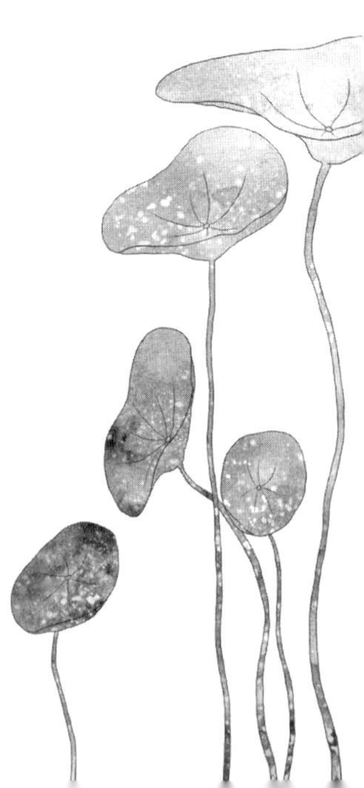

배찬린

경남 사천출생, 서울대학교 법과대학 법학과 졸업
연세대학교 경영대학원 졸업(경영학 석사)
서울은행 본부장, (주)서은시스템 대표이사 등 역임
〈국제문예〉 수필부문 등단
전) 경복대학 행정학과 겸임교수

바둑과 인생

흔히 도끼자루 썩는 줄 모른다는 바둑의 재미는 어디에서 오는 것일까?

공자는 아무것도 하지 않고 소일하는 것 보다는 바둑이라도 두는 것이 낫다고 했다.

바둑은 백지에서 시작한다. 온갖 전략 전술을 동원하여 상대방을 공격하고 적의 도발과 침략을 물리치며 영토를 확장하여 전쟁을 승리로 이끈다. 확실히 재미있는 게임이다.

바둑의 재미는 두뇌게임이라는 점, 전쟁 상황을 연출한다는 점, 공격본능의 충족, 무궁무진한 변화성, 예술적 창조성, 人生과의 類似性 등에서 오는 것 같다.

화투, 마작, 포커 등과 같은 대부분의 게임은 패가 잘 들어오느냐 여부, 즉, 우연적 요소에 의해서 승패가 상당부분 판가름 난다. 그리고 내기를 하지 않으면 재미가 없다. 따라서 도박적 성격이 강하다.

골프 역시 player의 기량이나 체력 외에도 지형이나 지질, 바람 등 외적, 우연적 요소에 의해 영향을 받는 부분이 적지 않다. 그러나 바둑은 외적 우연적 요소의 개입이 적어 100% 자기 실력에 의한 고차원적인 순수 두뇌게임이라는 특징이 있고, 내기를 하지 않아도 즐길 수 있는 건전한 게임이라는 장점이 있다.

중국의 요순시대에 시작하여 수천 년에 걸쳐 수많은 사람들이 수많은 대국을 하였건만 똑같은 바둑棋譜가 생기지 않는다는 것은 무엇 때문인가?

361개의 점으로 된 바둑판을 메워가는 과정에서 수없이 많은 착점의 組合(combination)이 가능하므로 바둑의 수는 무궁무진하고 따라서 똑 같은 바둑棋譜는 나타나기 어려운 것이다. 바둑의 재미는 그 무궁무진한 변화와 다양한 선택가능성, 그에 따른 창의성의 발휘가 한 몫을 하는 것 같다.

한판의 바둑을 두는 것은 마치 경영(management)을 하는 것과도 흡사하다. 경영학 지식과 경영능력이 다르듯이 바둑도 실전경영능력이 중요하다. 바둑교재를 읽는 것 보다 실전경험이 중요한 이유이다.

부드러움이 강함을 이긴다는 이치를 깨달으려면 바둑이 상당한 수준에 도달하지 않으면 안 된다.

先作五十家者必敗! 이는 바둑이 단거리 경주가 아니고 마라톤게임임을 잘 나타내고 있다. 瞬間의 自慢이 유리한 형세를 역전시킨다. 너무 공격적이어도 안 되고 움추러 들어도 안 된다.

한판의 바둑을 이기기 위해서는 깊은 수읽기, 인내, 강약완급의 조절, 절제된 진퇴, 사전공작, 상대의 허를 찌르는 창의력의 발휘, 시의적절한 응수타진, 욕심의 절제, 자기약점의 보강, 형세판단, 등 끝까지 버티는 자신과의 싸움이 승패를 가른다.

바둑 수가 높다고 해서 항상 바둑을 즐길 수 있는 것은 아니다.

바둑을 즐기기 위해서는 첫째, 좋은 바둑상대가 있어야 한다. 사마중달이 없었더라면 제갈공명의 신출귀몰한 전술전략도 빛을 보지 못하였을 것이다. 바둑 자체가 벌써 하나의 좋은 친구이다. 바둑은 일생 동안 함께 하는 좋은 친구 임에 틀림없다.

有朋自遠方來 不亦樂乎 – 벗이 멀리서 찾아오니 즐거운 일이 아닌가! 논어의 첫머리에 나오는 말이다. 예로부터 친구란 좋은 것인가 보다.

바둑친구 뿐만아니라 친구관계란 원래 좋은 것이다. 그러나 취미로 맺어진 친구는 더욱 더 좋은 친구라 할 수 있다.

바둑친구는 서로 승부를 가리는 대국상대로서의 관계를 겸하게 되므로, 전쟁게임에서 투쟁의 대상이라는 비우호적인 특수관계가 된다. 승부의 결과가 친구관계를 해치지 않도록 각별한 배려가 요구되는 것은 이 때문이다.

인터넷 바둑의 특징은 盤前無人이라는 것이다. 상대방을 의식하지 않고 바둑판만 상대하므로 바둑 수 구상에만 몰입할 수 있다는 장점이 있다. 그러나 인터넷 바둑은 바로 그 점, 즉, 다른 사람과의 접촉 없이 이루어지므로, 다른 사람과 관계를 맺고저 하는 인간의 본성, 즉 인간의 사회성의 충족이 이루어지지 않기 때문에 그 발전에 한계가 있지 않을까 하는 생각을 갖게 한다.

좋은 바둑 상대를 갖기 위해서는 좋은 바둑 매너를 갖추지 않으면 안 된다. 바둑을 둘 때에는 특히 棋道라 하여 대국자가 지켜야 할 예절, 즉 바둑매너가 강조된다.

'대국 후의 예절 지키기' 는 우리가 특히 유의해야 할 대목이다.

바둑을 이겼을 때에는 우선 겸손한 자세를 보여주는 것이 바람직하다. 바둑의 승리는 대부분 상대방의 실수에서 비롯되는 법이다. 지고서 우울해 하고 있는 상대방을 배려하는 예의가 있어야할 것이다. 패한 상대방의 강점을 칭찬하고 승리의 우연성을 강조함으로써 겸양의 덕을 발휘할 좋은 기회가 아닐까?

그러나 졌을 때에 너무 의기소침하거나 불유쾌한 태도를 표출하는 것도 좋은 광경이 아니다. 흔쾌히 상대의 승리를 축하해 주는 등 모름지기 毅然한 태도를 보이는 것이 바람직하다 할 것이다.

바둑의 예절 중에 다른 경기에서는 볼 수 없는 '復棋' 라는 관습이 있다. 대국이 끝난 후 상대방과 함께 처음부터 다시 놓아 보면서 잘잘못을 분석해 보는 것이다.

복기는 기력향상에 큰 도움이 될 뿐 아니라, 게임이 끝나고 나서 승자의 우쭐함과 패자의 분함을 조절하며 함께 탐구하는 자세로 만드는 아름다운 풍습이라 할 수 있다.

복기는 또한 자신의 나쁜 습관을 교정할 수 있는 좋은 기회이기도 하다.

인터넷 바둑을 두다 보면 의외로 훌륭한 매너를 가진 대국자를 자주 만나게 된다. 미지의 상대방과의 개성 없는 승패에는 집착할 가치가 반감되기 때문일까?

골프는 원래 당일의 신체적 컨디션, 기상-지형조건에 따라 기복이 심하고 변명의 여지가 많은 게임이라서 그런지 스코어가 신통치 않더라도 별로 분해하지들 않는다. 적절한 핑계를 댈 수 없을 때에는 "오늘은 이상하게 안 맞는다" 고 하면 그만이다.

그러나 바둑을 지고서는 분해하는 수가 많다. 골프는 더 많은 핸디캡을 인정받으려 하지만, 바둑은 아무리 하수라도 치수를 적게 놓으려 하기 일쑤고, 서로 자기가 상수라고 우기며 백을 쥐려고 옥신각신한다.

바둑은 외적인 우연적 요인의 작용이 적어 책임전가(責任轉嫁)가 어렵고 두뇌 게임이라는 성격이 있어 자존심을 상하는 일면이 있기 때문인지 모르겠다. 아무튼 바둑의 승패에 너무 일희일비 하는 것은 바람직하지 않다. 특히 특정인만을 상대로 장기간 바둑 투쟁을 벌이는 것은 피해야 할 일이다.

그러면 바둑을 잘 두는 비결은 무엇인가?

옛날부터 내려오는 10가지 비결이 있으니 圍棋十訣이 그것이다.

不得貪勝 : 이기려고 욕심을 내면 이길 수 없으니 승리를 탐하지 마라.

入界宜緩 : 상대의 영역으로 들어 갈 경우 너무 깊이 들어가지 마라.

攻彼顧我 : 상대를 공격할 때 나의 능력과 결점을 먼저 살펴라.

棄子爭先 : 중요하지 않은 내 돌을 버리더라도 선수를 장악하라.

捨小就大 : 눈앞의 작은 이익을 탐내지 말고 넓게 보고 중요한 곳을 차지하라.

逢危須棄 : 위험을 만나면 손을 빼던가 시기가 올 때까지 건드리지 마라.

愼勿輕速 : 경솔하게 빨리 두려고 하지 말고 신중하게 생각하라.

動須相應 : 상대가 움직이면 같이 움직이고 멈추면 같이 멈추어라.

彼强自保 : 내 주위의 상대가 강할 경우 내 말의 안전을 먼저 꾀하라.

勢孤取和 : 상대와 싸울 때 내 돌이 외롭거든 우선 평화를 택하라.

인생을 살아가는 요령처럼 보이기도 하는 이 비결들은 추상적이고 개념적이어서 구체적으로 선뜻 손에 잘 잡히지 않는 부분들이 있다. 그 중에서도 가장 이해하기 어려운 대목이 있으니 맨 첫 번째의 不得貪勝이다. 바둑을 이기려면 결코 이기려고 해서는 안 된다!

이 무슨 모순 된 말인가!

부득탐승(不得貪勝)! 위기십결의 첫 화두는 人間의 慾望이다.

바둑을 이기는 비결을 제시함에 있어 인간의 탐욕을 경계하는 데서 시작하고 있다. 바둑을 이기기 위해서는 승리를 탐해서는 안 된다! 기어코 이기려고 하면 이기지 못한다! 우리가 흔히 라이벌을 꺾으려고 또는 하수를 혼내주려고 강경일변도의 바둑을 두다 보면 부지불식간에 과수를 범하고 평소 실력도 발휘하지 못한 채 오히려 바둑을 져버리는 일을 종종 겪는다. 마음의 욕심이 평정심을 잃게 하여, 정신을 흐리게 하고 사물을 직시하지 못하게 하여 판단을 그르치기 때문일 것이다. 不得貪勝의 이치를 잊었기 때문이다. 바둑을 두지 않는 사람도 이 말을 이해 할 수 있을까?

不得貪勝! 이것이 바둑에만 해당되는 말일까?

우리는 우리의 탐욕을 알고나 있는 것일까? 절제되지 않은 우리의 탐욕이 우리의 이성을 마비시켜 사물을 제대로 보지 못하게 만들고 판단을 그르치게 함을 우리는 알고 있다. 인간의 지나친 탐욕은 사회를 혼란스럽게 만들고 세상을 왜곡시키는데 그치지 않는다. 생각해 보면, 우리 인간의 貪慾은 現世에 그치지 않고 死後에 까지 뻗친다.

인간은 심지어 죽음까지도 폐지(廢止)하고 영생(永生)을 도모하며, 저승이란 것을 만들어서 이승에서 못 이룬 것을 저승에서 완성하려 한다. 이승에서의 욕망의 끈을 놓지 못하는 것은 너무나 큰 인간의 탐욕이 이성적 사고를 허용하지 않기 때문일 것이다.

不得貪勝! 바둑의 경구에서 얽히고 설킨 인생사의 꼬투리를 생각해 본다.

음주(飮酒) 문화

내가 남들처럼 마음 놓고 술을 마실 수 있는 사람이 아니라는 것을 처음으로 깨달은 것은 고등학교시절 야유회를 갔을 때였다.

고등학교 2학년 때 학교에서 부산 산성으로 야유회를 갔는데 점심시간에 몇몇 친구들을 따라 막걸리 집으로 가서 다른 친구들처럼 막걸리를 한 두잔 마셨다. 그랬더니 다른 친구들은 아무런 흔적도 없이 멀쩡한데 나만 얼굴이 홍당무처럼 벌겋게 달아 오르는 게 아닌가! 그날 종일 선생님들 앞에 나서기가 민망스러워 어쩔 줄을 몰랐다.

그 후 직장에 들어가고 사회생활을 하다 보니 내가 원하든 원하지 않든 술좌석에 앉게 되고 술을 마시지 않을 수 없는 경우에 자주 부딪히게 되었다. 그 좌석에 들러리로 참석했을 때는 그래도 요령껏 적당한 선에서 감당할 수가 있지만, 내가 당사자일 경우, 예컨대 환영회 또는 송별회의 주인공일 경우 또는 내가 모임의 주재자일 경우에는 술잔 공세를 피해 가기가 어려워진다.

이런 때는 꼼짝 못하고 정신이 몽롱해 질 때까지 버텨내기가 무척이나 힘들었다. 그러나 내가 술이 약한 만큼 스스로 조심하고 주위에서도 이를 참작해 준 덕분인지 몰라도 아직까지 정신을 잃거나 길 바닥에 쓰러지거나 한 적은 없었다.

술 때문에 곤경을 겪은 적이 30대에 딱 한번 있었는데 직장근무 중 부산에서 서울로 전근발령을 받아 밤 늦게 송별 술자리를 마치고 집으로 택시를 타고 오는 중에 과음으로 구토를 하게 되었는데 이로 인하여 택시기사와 시비가 오가던 중 격화되어 파출소까지 가서 설왕설래하게 되었다. 당시 택시기사들의 합승행위 등 횡포에 은근히 불만을 품고 있었던 잠재의식도 한 몫 했을 것이다. 당시는 야간통금이 있던 시절이라 옥신각신 중에 통금 사이렌이 울리고 결국 경범으로 취급되어 경찰서 유치장까지 들어 갔던 기억이 있는데, 약 30분 후 경찰백차가 집으로 데려다 주긴 했지만, 이 날의 기억은 지금도 지울 수가 없다. 이 날의 소동도 결과적으로 과음으로 인한 오기가 일을 키웠다고 생각된다. 술을 마셨다는 것이 경찰서에서는 무조건 불리하게 작용한다는 것도 알게 되었다.

그 후로는 음주로 인한 큰 실수는 별로 기억에 남는 것이 없다. 그런데 그 날 약 30분 동안 머무른 경찰서 유치장에는 술에 취해 정신을 못 차리는 사람들이 수없이 많다는 것을 목격하게 되었다. 하나같이 세상이 떠나갈 듯 큰소리로 떠드는 것은 자기가 대단한 존재며 경찰을 혼내주겠다는 등 경찰을 우습게 보고 호통치는 고함들 뿐이었다.

나는 술이 약한 체질 때문에 직장생활에서 많은 불이익을 입었다고 느끼고 있다. 어떤 직장 동료는 나더러 '술을 좀 했더라면' 하고 나를 위하는 마음에서 진심으로 아쉬운 표정을 짓기도 했다. 분명히 나의 출세에 지장이 있다는 진단이었다.

한 번은 손님을 집으로 초대해 놓고서 저녁식사가 다 끝날 때까지도 술 권할 생각을 깜박 잊고 있다가 끝 무렵에야 허둥지둥 술을 내놓은 적도 있었다. 결례가 되었음이 분명하다.

지금 돌이켜 보면 나의 직장 상사들도 술이 센 분들이 많았다. 예나 지금이나 남들과 허물없이 터놓고 어울리려면 술이 매개가 되는 것이 순서가 아닌가 생각된다. 술이 약한 사람들이 자연히 불리하지 않을 수 없다.

부하직원들 역시 회식자리 즉 술자리가 자주 만들어지기를 바라는 것은 인지상정일 것이다. 거래처로 부터 술대접 또는 회식 초대를 받았을 때 사양하는 것을 다반사로 하면 부하직원들에게도 별로 인기가 없게 마련이다. 술이 약하면 이래저래 사회생활에서 불리한 위치에 있게 되어있다. 내가 술이 약함으로 해서 사회생활을 함에 있어 인화의 면에서 부족하지 않을까 우려스럽게 생각하는 부분이기도 하다.

술이 사회생활을 윤택하게 하는데 큰 역할을 하고 있음도 부인할 수 없다. 이런 관점에서 보면 술이 세다는 것이 하나의 자랑거리가 된 것도 상당한 이유가 있다 할 것이다.

그러나 우리사회의 음주문화에서 반드시 고쳐야 할 부분들이 있음을 간과해서는 안 된다. 우선 술이 약한 사람에게 그 사람의 주량을 초과해서 술을 강권하는 일이 있어서는 안될 것이다.

최근 조사에 의하면 우리나라의 알코올성 간질환-위염-심장병-간질-정신장애 등 음주로 인한 질병치료 진료비가 작년에 2,700억원을 넘고 음주관련 질병으로 진료를 받은 국민은 작년에만 24만2천여 명이라고 한다. 우리나라는 위스키의 세계 최대소비국 자리를 10년 이상 유지하고 있다고도 한다.

상사가 부하직원에게 선배가 후배에게 억지로 술을 권하면 하다

못해 마시는 시늉이라도 해야 된다. 당하는 사람으로서는 괴로운 일이 아닐 수 없다.

회식자리에서 첫째 잔은 다같이 동시에 건배를 한다 하드라도 둘째 잔부터는 자기 술잔은 자기가 마실 만큼 자기 스스로 잔을 채우는 것이 뭐 그리 어색한 일인지 모르겠다, 술잔은 으레껏 다른 사람이 채워 주는 것이 당연하다고들 생각한다.

예컨대 A가 자기 잔이 비었는데 B, C 등 다른 사람이 이를 알아채지 못하고 미처 채워주지 않을 경우 A는 자기 스스로 자기 잔을 채우는 것을 쑥스럽게 생각하고 먼저 B, C 등 다른 사람에게 잔을 권하면서 B나 C가 자기 잔을 채워주기를 유도한다. 술이 센 사람 때문에 술 약한 사람이 덩달아 자꾸만 마시게 되는 이유 중 하나이기도 하다. 자기 술잔에 자기가 스스로 부어서 마시는 것을 최근 신조어로 '지부지처' (지가 부어서 지가 처마신다)라고 한다고 한다. 스스로 자기 잔에 부어 마시는 것을 얼마나 싫어 하는지 알만하지 않은가.

허물없이 지내던 어떤 직장동료는 술을 시작하면 반드시 3차까지는 가야 끝을 내곤 했는데, 술이 원인이 되었는지 위암으로 일찍 죽었다.

어떤 상사는 이성이 마비될 정도로 술을 마시고는 가지가지의 기이한 에피소드들을 많이 남겨서 직장 내에서 회자되곤 했다. 어떤 친구는 음식점에 가기만 하면 여자종업원 또는 여주인 희롱하는 것을 밥 먹 듯이 하곤 한다.

엄연한 성희롱을 전혀 죄의식 없이 즐기기 일쑤다.

음식점에만 가면 또 왜 그렇게 사람들이 기고만장(氣高萬丈)해 지는가?

별 특별한 용건도 없으면서 사장을 불러내는 호기를 부리니 참 우스운 일이다.

음식점의 주인도 종업원도 다 직업전선에 나선 힘든 사람들이다. 이들에게 손님으로 가서 음식을 팔아주면 그만이지 서비스 업종의 약점을 이용해서 온갖 인간적 굴욕감을 안겨 주면서 으스대면 무엇이 그렇게 유쾌한지 알 수 없는 일이다. 음식점 종업원이나 주인에게도 자부심과 인권이 있지 않은가.

어떤 직장상사는 부하 여직원에게 술을 따르라고 한다. 이는 엄연한 성희롱이다. 음주문화는 성문제와 밀접한 관계가 있다. 음주는 분명히 성충동을 자극하는 촉매제의 역할을 하고 있기 때문이다. 요즘 유달리 성폭력 사건이 사회문제화 되고 있다. 금년 여름 여성들의 옷차림 특히 핫 펜츠를 보면서 한창 나이의 젊은 남성들이 성충동을 자극 받지 않는다면 오히려 이상하지 않을까 걱정된다.

2012. 9. 22일자 C일간지 기사가 재미있다.

서울의 모 경찰서는 어제 B경위(57)를 성추행 혐의로 불구속 입건했다고 밝혔는데 B경위는 19일 자정쯤 지하철 1호선에서 대학생 A양(19) 옆자리에 앉아 "요즘 성폭행이 왜 자주 일어나는지 아느냐"며 반바지를 입고 있던 A양의 무릎 부분을 손으로 다섯 차례에 걸쳐 툭툭 친 혐의를 받고 있다. A양이 전동차 옆 칸으로 자리를 옮겼지만 B경위는 A양의 뒤를 따라갔다. B경위는 이를 본 시민들의 신고로 현행범으로 경찰에 붙잡혔다. 기사 내용은 대개 이런 줄거리다. 그 신문기사 대로라면, 지하철에서의 B경위의 행동은 지탄받아야 마땅하지만 그가 내 뱉은 말에는 분명 귀담아 들을 부분이 있다.

핫펜츠 유행이 아름다움을 추구하는 여성들의 노력의 일 양태인가? 단순한 노출증의 발로인가?

그러나 별로 아름다워 보이지 않는 것은 나이 탓인가?

남자의 행복은 "나는 원한다"는 데 있다. 여자의 행복은 "그는 원한다"는 데 있다.(Das Glueck des Mannes heisst : ich will. Das Glueck des Weibes heisst : er will.) 어느 철학자의 말이다.

이슬람 여성들의 니캅(nicab), 히잡(hijab)이며 차도르(chador, izar)가 답답하게만 느껴지더니 올 여름 갑자기 이슬람 사회의 지혜로 다가 오는 것은 왠 일인가?

넥타이를 매어야만 클럽하우스 출입이 허용되던 미국 어느 골프장이 기억난다. 한창 나이의 젊은 남성이 허벅지를 다 내놓고 다니는 여성들로부터 자극을 받고 과음으로 정신이 몽롱해지다 보면 정상적인 사람이라 하드라도 성적 충동을 이기지 못하는 경우가 생기지 않을까 걱정된다. 여성경찰서장으로서 사창가 단속으로 이름을 떨쳤던 분이 성범죄대책으로 제한적 공창제도를 얘기하는 것을 보고 고개를 끄덕이는 남성들이 많다는 사실도 유의할 대목이다.

매일 밤 주폭(酒暴) 때문에 경찰지구대들이 곤욕을 치른다는 언론보도를 보면서 우리의 정도를 넘는 과음관행 때문에 얼마나 많은 사회적 비용을 치르고 있는지 알만한 일이다.

세계보건기구WHO는 1일 적정 음주량을 남성40g, 여성 20g으로 정하고 주종에 따라 맥주의 경우 남자는 500cc 2잔, 여성은 500cc 1잔, 소주는 남성 5잔, 여성 2.5잔으로 권고하고있다 한다. 음주 강권, 폭탄주, 벌주, 원샷, 사발주, 폭음 등 모두 우리 주위에서 사라져야 할 관행들이다. 금년 여름 유달리 빈발하는 주취범

죄-성폭력 보도에 접하며 우리의 음주문화개선이 시급한 시점에 이르렀음을 깨닫게 한다.

요즘 '119캠페인' 이라 하여 '1가지 종류의 술로 1차에서 끝내되 9시까지 마무리하자' 는 건전음주 캠페인을 펼치는 기업들이 있고, 한국의 세계적 대기업인 S그룹에서도 최근 절주 캠페인을 벌인다는 기사를 보면서 이러한 절제된 음주문화가 우리사회에 널리 확산되어 하루속히 자리잡기를 바라는 마음이다.

숭의전(崇義殿) 祭禮

2012년 10월 17일, 오늘은 숭의전 대제에 참석하는 날이다.

오늘따라 아침부터 구질구질한 가을비가 귀찮게 내리고 있다. 집합장소인 용산역에는 주최 측에서 주선한 버스를 타기 위해 노신사들이 여기 저기서 비를 피해 서성거리며 기다리고들 있는 것이 눈에 들어온다.

9시가 되자 예정대로 대형관광버스 3대가 차례로 도착하여 노신사들을 태우기 시작하고 버스들은 순서대로 경기도 연천을 향해 출발하였다.

경기도 연천군 미산면에 위치한 숭의전(국가 사적 제223호)은 왕건을 비롯하여 고려를 부흥시킨 4명의 왕들과 고려조 16명의 공신들의 위패를 모시고 제사를 지내 온 사당으로 지금도 그 전례가 전승되어 봄-가을 두 차례 전례행사가 치러지고 있는데, 필자는 고려 16공신의 한 분으로 개국공신인 태사 무열공 배현경(裵玄慶)의 후손으로서, 경주배씨 대종회의 뜻에 따라, 오늘 숭의전 가을 대제에 분헌관(分獻官)으로 참제케 된 것이다.

오늘 추계대제는 11시부터 숭의전 정전과 배신청에서, 초헌관 김규선 연천군수와, 아헌관 복진상 면천 복씨 대종회 고문, 종헌관 왕영관 연천군 의회의장과 배신청(陪臣廳)에 향사된 고려 16공신의 후손 등 31명이 전통 제례복장을 하고, 군민 등 300여명이 참석한 가운데 전통적인 제례의 절차와 격식에 따라 근엄하게 진행되었다. 먼저 정전(正殿)에서 태조 왕건과 현종, 문종, 원종 등 4왕에 대한 배향과 헌작 등 절차가 진행되었고 뒤이어 16공신들의 위패를 모신 배신청에서 후손들이 배향과 헌작을 함으로서 오늘의 제례행사는 12시 반 경에야 끝났다.

이어서 연천군/숭의전 고려문화재 추진위원회가 주최하는 '제3회 고려문화제' 의 첫날 축하공연이 시작되었는데, 올해는 '숭의전과 사람들' 이라는 주제로 각종 전시, 체험, 학술 심포지엄 등 고려

문화를 체험할 수 있는 다양한 프로그램이 3일간 이어진다고 한다.

숭의전 정전(正殿)에 봉안된 고려 4왕은

• **태조 왕건(王建)** : 고려 1대 왕으로 외세의 도움없이 후삼국을 통일. 배현경, 홍유, 신숭겸, 복지겸 등과 모의하여 폭군 궁예를 내쫓고 고려를 개국. 평양을 개척하는 등 고구려의 고토를 회복코자 하여 북진정책을 폄. 왕업번창을 위해 후손에게 훈요십조(訓要十條)를 남김. 호족세력들을 통합하기 위한 정략결혼으로 많은 후비들을 둠.

• **제8대 현 종(顯宗)** : 거란 성종의 침입으로 참패하였으나, 끝내 친조를 하지 않고, 6성 요구도 거절. 거란 소배압이 침공하자 강감찬 장군의 구주(龜州)대첩으로 물리침. 이후 거란과의 우호관계를 회복하고 기민(飢民)구제에 힘썼으며 불교와 유교 발전을 도모. 대장경의 제작에 착수, 6천 권의 대부분을 완성함.

• **제11대 문 종(文宗)** : 즉위 즉시 문하시중 최충에게 명하여 율령(律令)-서산(書算)을 정리하게 하여 각종 법을 만드는 기반을 마련. 문치정책을 추진. 불교를 신봉 흥왕사를 세움. 유학도 장려. 동여진(東女眞)의 침략을 토벌. 재위 37년 동안 문물제도를 크게 정비하여 고려의 황금기라고도 함.
불교, 유교, 미술, 공예 등 문화 전반에 걸쳐 큰 발전을 이룸.

• **제24대 원 종(元宗)** : 최충헌이 그의 고모부였다.
1268년 무신들을 경계하여 임연으로 하여금 실권자인 김준을 죽이게 하였으나, 뒤를 이어 집권한 임연과 또다시 대립. 1269년 임연에 의해 폐위

되었으나 원나라의 도움으로 다시 왕위에 오름. 1270년 몽골의 요구로 개경환도를 추진하였으나 임연의 아들 임유무가 크게 반대. 원종은삼별초를 시켜 임유무를 제거함. 개경으로 환도한 후 삼별초의 해산을 명령하자 배중손(裵仲孫)을 중심으로 삼별초의 항쟁이 시작.

1273년 원종 14년 제주 삼별초를 끝으로 여-몽 연합군에 의해 평정.

배신청(陪臣廳)에 배향된 16공신은

왕건을 도와 후삼국을 통일하고 궁예를 내쫓아 고려를 개국하는데 결정적 공을 세운 개국공신들, 즉, 배현경, 신숭겸, 홍유, 유금필을 비롯하여 고려초기의 외교가로서 압록강 이남 영토회복에 큰 공을 세운 서희, 고려초기의 명장으로 귀주대첩으로 거란족을 물리친 강감찬 장군, 고려중기의 명신으로 여진족 정벌에 공을 세운 윤관, 문신이자 학자로서 문신의 난 평정에 공을 세우고 삼국사기 편찬자인 김부식, 거란족 평정에 공을 세운 김취려와 조충, 무신으로 삼별초의 난을 평정한 김방경, 공민왕 때 홍건적 섬멸에 공을 세운 안우, 이방실, 김득배 그리고 고려말의 충신이자 성리학자인 정몽주 등이다.

경기도 연천군 미산면에 위치한 숭의전은 조선 태조 6년(1397년)에 태조의 명으로 고려 태조 왕건의 원찰이었던 앙암사 터에 묘(廟)를 세우고, 정종때에 고려 태조와 고려 7왕을 제사 지내고, 세종 및 문종때에 중건하였다 한다.

당초에는 고려의 태조 왕건과 7왕(혜종, 정종, 광종, 경종, 성종, 목종,

현종)의 신위를 봉안하여 제사를 지내던 사당이었으나 세종때 조선의 종묘에는 5실을 제사하는데 고려조의 8왕을 제사함은 합당치 않다는 이유로 태조, 현종, 문종, 원종의 4왕만을 제사 지내게 되었으며 문종때 선조를 예우하여 숭의전이라 이름짓고 고려 4왕과 고려 16공신들을 제사지내게 하였으며 고려 왕씨 후손들로 관리하도록 하였다 한다.

한국전쟁 때 전소된 것을 1971년에 정전을 복원하였으며 그 후 배신청(陪臣廳), 이안청(移安廳), 삼문(三門) 등이 복구되었다.

조선조 개국 후에 왕씨들에 대한 정치적 탄압과 살육이 자행되었음에도 불구하고 한편으로는 고려선조에 대한 왕씨들의 숭의전 제례를 허용한 것은 어떻게 설명해야 하는가? 충(忠)과 효(孝)를 근간으로 하는 조선의 유교문화가 전왕조에 대한 왕씨들의 숭의전제사를 허용함으로써 조선조의 정통성을 확립하려 하였던 것이리라.

숭의전은 연천군 미산면 아미리 임진강변의 아미산 자락 잠두봉에 조성된 아늑한 평지에 자리하고 있는데, 이곳에서 임진강이 북동방향에서 남서방향으로 굽이쳐 흐르는 모습이 한눈에 조망된다.

요동정벌에 나섰던 고려의 원대했던 꿈이 여기 아미산 자락 숭의전에서 쓸쓸이 흐르는 임진강 강물을 지켜보고 있을 뿐이다.

숭의전 전례행사를 마치고 버스를 타고 오면서 동승한 분들을 무심코 둘러본다. 다들 훌륭한 분들임에 틀림없다.

잊지 못할 이국땅의 친절

1970년대 젊은 시절 필자가 야간에 심심파적으로 종로의 영어학원 free talking반에 다니곤 했는데, 당시 미국인 강사가 불평하던 얘기의 하나는 '서울거리에 나가면 길거리 사람들이 다들 자기만 쳐다보곤 해서 불편해서 다닐 수가 없다' 는 것이었다. 필자가 '한국에는 아직 외국인이 드물지 않으냐' 고 이해를 구했던 기억이 있다.

당시 외국인들이 한국 땅에서 겪는 불편의 단면이었다.

요즘 서울거리에서 젊은이들을 보면 한국인인지 외국인인지 첫눈에 판단하기가 쉽지 않은 경우가 더러 있다.

이 경우 그들이 말을 할 때까지 판단을 유보하는 것이 현명한 순서다. 특히 중국인이거나 일본인일 경우 겉모양만으로는 거의 구별이 되지 않는다.

지하철역에서 서울 지도를 들고 두리번거리는 서구인들도 자주 보게 된다. 대개는 양방향의 지하철 열차 가운데 어느 방향 열차를 선택해야 하는지 판단이 서지 않기 때문이다.

요즘의 한국은 영어를 구사하는 젊은이들이 많아서 이들 외국인들이 옛날처럼 크게 불편을 느끼지 않으리라고 짐작된다.

필자가 이국땅에서 겪었던 잊지 못할 몇 장면들을 회상해 본다.

제 1 화

세심한 업무적 배려와 우정 어린 친절

필자가 처음으로 외국행 비행기를 탄 것은 1971년 11월 말 경이었다. 이 시절 외국에 나가려면 먼저 신원조회 절차가 필요 했는데 1개월 이상이 소요되었다. 또한 출국 전에 반드시 반공교육을 받아야 했다.

필자는 독일 Commerzbank의 초청으로 6개월 간 외환연수를 받기 위해 출국하게 되었는데 당시 6개월 해외체류자의 외환보유 허용 한도는 100달러 였다. 당시는 내년도 미국의 대한국 잉여농산물원조규모가 결정되어야 한국정부가 다음 해 예산을 편성할 수 있을 정도로 가난했던 시절이라 해외연수 비용일체는 당연히 Commerzbank부담이었다.

유럽 직항편이 없어 홍콩에서 1박한 후 이틀 만에 Frankfurt공항에 도착하여 출국장을 빠져 나오고 있는데 '배선생이냐' 고 독일어로 묻는 독일인이 있었다. 그는 나의 명함판 사진을 들고 있었다. 그는 Commerzbank본점 외국부 총무담당 직원이었다. 공항 마중 다음날 아침 호텔에서 은행으로 pick up하면서 시작된 독일 체류 6개월 간 Rumbach씨의 빈틈없는 배려에 잠시도 불편함이 없었다.

연수기간 중 Goethe Institute에서 독일어 훈련을 받기 위하여 라인강변의 휴양도시 Boppard행 기차를 타러 가는데 기차표 개찰 절차가 없이 우리 두 사람은 바로 승강대까지 들어가는 것이었다. 개찰절차가 없다는 것이 당시의 한국인으로서는 얼마나 놀랍고 부러웠는지 모른다. 40여 년이 지난 요즘 한국도 개찰절차가 없다는 것을 최근에야 알고 깜짝 놀랐다.

Goethe-Institute연수가 끝날 무렵 그는 편지로 내가 주말에 어떻게 Frankfurt의 아파트숙소로 입주해서 월요일 아침 은행으로 찾아와야 하는지 세밀한 행동요령을 적은 편지와 함께 기차표를 동봉해 왔다. 이후 외한업무 연수기간 동안 매일 아침 그의 방으로 출근하여 커피타임을 가진 후 해당부서로 가게 하는가 하면, 점심은 그와 함께 식당에서 식사를 하고 다시 해당부서로 가게 하는 등, 내가 낯선 땅에서 잠시도 어려움을 겪지 않도록 그의 세심한 배려와 친절은 정말 감탄할 지경이었다. 주말에 개인적으로 그의 아파트로 초대해 주기도 했다. 독일이 필자의 제2의 고향처럼 다정하게 느껴지는 것은 이 Rumbach씨의 세심하고 우정 깊은 친절 덕분이라고 필자는 분명하게 말 할 수 있다.

6개월 연수종료를 앞두고 1개월간 유럽관광 여행을 보내 주었는데 유럽인들과의 단체 관광버스여행도 포함되어 있었다. 필자는 이때 비로소 단체관광여행이란 것을 경험하게 되었다.

1972년 5월 귀국 후 – 당시는 해외 연수생 귀국 후 중앙정보부 직원이 연수기간 중의 특이사항 유무(북한 간첩의 접근 등)를 확인하고 건의사항을 물었는데, 필자는 중앙정보부 직원에게 '제주도의 관광지개발' 을 건의하였다. 40여 년이 지난 최근 제주도가 '세계 7대 자연경관' 에 선정되는 것을 지켜보면서 개인적으로 남다른 감회를 느끼고 있었음을 고백하지 않을 수 없다.

여기서 필자가 얘기하고자 하는 것은 이방인에 대한 Commerzbank은행 Rumbach씨의 빈틈없는 배려와 진심 어린 친절이다. 당시 한국은 독일에 광부와 간호원을 파견하여 외화획득을 해야 할 정도로 가난한 나라였고 Korea라고 하면 세계인들은 어디에 있는 나라인지도 몰랐다.

만약 Rumbach씨가 조금이라도 귀찮아하거나 오만한 기미가 있었다면 필자가 눈치채지 못 했겠는가. 만약 연수담당자가 조금이라도 오만한 기색을 보였다면, 그들은 연수생을 초청하여 돈만 낭비하고 독일의 적을 하나 더 만들었을 것이다. 필자는 아직도 Rumbach씨의 그 세심한 배려와 우정 어린 친절을 결코 잊을 수가 없다.

후일 한국이 IMF사태를 겪을 때 Commerzbank는 한국을 도운 유일한 독일계 외국은행이었다.

한국을 찾은 외국인을 한국인들은 친구로 만들고 있는지 적으로 만들고 있는지 우리 스스로를 살펴봐야 하지 않을까?

제 2 화
Doktor Herr Blasel 부부의 가족적 도움

우리 가족은 필자의 독일 Frankfurt에서의 주재원 근무에 따라 1982~1985년, 그리고 1990~1992년 2차례에 걸쳐 독일에서 살았다. 그때마다 의사인 Herr Blasel부부의 헌신적인 가족적 도움이 없었더라면 고비고비마다 많은 어려움을 겪었을 것이다. 하루는 필자가 밤중에 신장결석으로 고통을 겪고 있었다. 신장결석이 얼마나 견디기 힘든 고통스러운 병인가는 앓아 보지 않은 사람은 이해하지 못 할 것이다.

그날 밤 Doktor Blasel의 도움이 없었더라면 이국땅에서 얼마나 고통스럽고 어려운 곡절을 겪어야 했을까. 생각만 해도 끔찍한 일이다.

처음으로 달팽이 요리를 먹어 본 것도 Doktor Blasel부부가 집으로 초대한 저녁식사에서였다. Frau Blasel은 한국 간호사 출신이었으므로 우리 가족이 낯선 땅 독일에서 언어상 문제, 제도와 관습상의 차이 등 온갖 문제들의 상담사였고 해결사였다. Blasel부부의 도움이 없었더라면 우리 가족이 얼마나 많은 어려움을 겪었을런지 일일이 예거할 수 없을 정도이다. 낯선 땅에서 겪는 이방인의 어려움을 세심한 정성과 우정으로 도와 준 Doktor Blasel부부의 친절을 우리가족은 영원히 잊지 못 할 것이다.

한국에 거주하는 외국인 가족들은 어떤 도움들을 받고 있을까?

제 3 화
역지사지의 호의적 배려

필자가 1985년 독일에서의 3년간 주재원 근무를 마치고 귀국발령에 따라 귀국준비를 하고 있을 때 일이다. 내가 타고 다니던 아우디 승용차를 처분해야 할 때가 된 것이다.

필자도 남들처럼 중고자동차 시장에 자동차를 세워두고서 원매자를 기다리는 통상적인 방법을 택했다. 자동차 전면에 자동차 출고 년대와 가격을 써 붙이고서 기다리면 원매자들이 둘러보고 매매 상담을 하는 것이었다.

필자로서는 평생처음 경험하는 일이라 생소했지만 자동차 유리창에 자동차 가격과 출고연대 등을 써 붙이고 손님을 기다렸다. 하루 종일 기다렸지만 다른 차들에만 관심을 표명하고 내 차는 가격이 비싸다고 생각하는지 관심들을 보이지 않았다. 실망이 컸다. 내가 제시한 가격은 결코 비싼 가격이 아니었다. 아무 성과 없이 하루를 낭비하고, 다음 날 내가 독일 부임 후 이 차를 구입했던 아우디 대리점을 찾았다.

이 대리점은 자동차 수리공장을 겸하고 있었다. 그래서 구입 후에도 수리나 정기검사inspection 등 자동차에 생기는 모든 문제를 이 공장에 의뢰해서 처리했다. 그래서 이 공장과 계속적인 접촉이 있어왔다. 그래서 귀국에 따른 자동차 매각문제도 상의해 보기로 마음을 먹은 것이다. 이 공장에 갔더니 평소 접촉하던 직원이 맞아 주었다. 자초지종을 설명하고 이 차에 대해서는 당신네가 가장 잘 알지 않느냐, 그리고 나는 한국으로 돌아가야 하니 이 차를 다시 인수해 줄 수 없느냐고 물었다. 그러자 그 직원은 선뜻 OK를 하는 것이었다. 그리고 환매가격은 다음 날 알려 주겠다고 했다. 그 다음 날 알려 온 인수가격은 상상이상 이었다. 내가 중고차 시장에서 써 붙였던 가격 보다 높은 가격이었다. 독일주재 한국인 동료들도 모두 기대이상의 좋은 가격이라는 일치된 의견이었다. 환매결정이나 가격책정 등 외국인에 대한 특별배려 차원이 아니었을까 생각한다.

한국에서 근무하다가 본국으로 돌아가는 외국인 직장인들은 어떻게 해결하고 있을까?

제 4 화

독일 젊은이의 정의감

역시 1980년대에 Frankfurt에서 겪었던 일이다. 주말 어느 날 오후 골프를 마치고 집으로 돌아오는 길이었다. 우리 마을에 들어서자마자 잠시 뒤 골목길에서 어떤 차가 갑자기 튀어나오더니 내 차 왼쪽 운전석 앞부분을 들이 받았다. 나는 차를 길옆에 세웠고 그 차도 내 뒤에 섰다. 그러자 어떤 다른 차 하나가 내 앞에 서는 것이었다. 그러더니 어떤 젊은이가 내려서 우리 앞에 나타나더니 나에게 말하는 것이었다. '내가 뒤에 오면서 다 보았다. 내가 증인(Zeuge)이 되겠다. 어려움이 있으면 전화 해 달라' 면서 필자에게 자기 명함을 건네주는 것이었다. 그리고는 사라졌다. 이로써 이 사건은 더 이상 다툼의 여지가 없어지고 충돌자동차 주인은 자기의 과실을 인정하고 자기 보험회사에 처리를 의뢰하겠다고 함으로써 모든 일은 순조롭게 매듭짓게 되었다.

우리는 이 독일 젊은이의 용기를 가볍게 생각해서는 안 된다. 사건의 현장에서 증인이 되는 것은 귀찮고 성가신 일이다. 더구나 나는 외국인이 아닌가! 이러한 젊은이들이 있기에 인류 사회는 정의를 바로 세우고 인간의 역사는 발전하는 것이 아닐까!

제 5 화

펑크타이어 갈아 끼워준 미국인

1988년 우리 식구가 LA인근 GLENDALE시 STOCKER STREET에 거주할 당시 집사람이 혼자 자동차를 몰고 거리에 나갔는데 자동차 타이어가 터져서 어쩔 줄 모르고 당황해 하고 있는 것을 지나가던 미국인 남자가 우리 차 SPARE TIRE를 꺼내서 갈아 끼워주고 갔다. 미국에 이사 간지 얼마 되지 않아서 영어도 서투르고 당황할 수밖에 없었을 것이다.

필자도 그런 경우를 당하면 당황할 것임에 틀림없다. 하물며 여자가 언어도 잘 통하지 않는 낯선 외국 땅에서 자동차 타이어 펑크를 당했다. 외국 땅에서 여자가 겪기에는 힘든 일이 아닐 수 없다. 이때 지나가던 미국인이 이 광경을 목격하고 우리 차 예비타이어를 꺼내서 갈아 끼워주고 가다니 정말 놀라운 일이다! 보통사람에게서 기대하기 힘든 자기희생적 선행이란 바로 이런 것이 아닐까!

어려움에 처한 사람들에 대한 자기희생적 봉사 정신, 곤경에 처한 사람들에게 베푸는 희생적 도움, 이런 정신들이 있기에 오늘날 미국이 세계를 지배할 수 있는 것이 아닐까 생각해 본다.

제 6 화

자동차 긴급수리 도와준 미국인

1989년 경 미국 LA에 거주할 때의 일이다.

주말에 가족들과 함께 LA인근의 SOLVANG시 네델란드촌을 구경하기 위해 자동차로 Freeway를 운행하고 있던 중이었다. 자동차 본네트에서 하얀 김이 모락모락 솟아오르는 것이 보였다.

바로 조금 전에 비가 뿌렸기 때문에 수증기일 것이라고 생각하고 운전을 계속하고 있었는데 점점 연기가 많아지는 것이었다. 급히 Freeway를 내려와서 지방도로 변에 차를 세웠다. 그러자 어떤 자동차 한 대가 바로 뒤에 차를 세우더니 미국인 한 사람이 다가 와서 자기가 뒤에서 보았는데 아마 냉각수 호스에 문제가 있는 것 같다는 것이었다. 자기는 이 방면의 전문가이니 자기 말을 믿어도 좋을 것이라면서 본네트를 열어 보라고 했다. 솔직히 필자는 판단이 서지 않아 망설이고 있었다. 그러자 그 미국인은 AAA를 불러 카센터까지 견인을 도와주겠다고 하면서 나의 동의를 구했다.

잠시 후 견인차가 도착하여 인근 카센터에서 간단히 수리가 끝났다. 그 미국인은 웃으며 사라졌다. 나는 그저 고맙다는 인사를 건넬 따름이었다. 우리는 다시금 관광 길에 오를 수 있었다.

지금은 네델란드촌 관광기억은 사라지고 이 미국인의 도움만이 기억에 남아있다.

그 미국인이 우리 차를 따라 올 때는 우리가 외국인이라고는 알지 못 했을 것이다. 아마 자동차 본네트에서 연기를 뿜는 고장자동차를 도와주려고 따라 온 것으로 보인다. 곤란한 경지의 사람을 도우려는 단순한 의도뿐이었는데, 뜻밖에 현지사정에 어두운 외국인 가족을 도와주게 된 것 아닌가 생각된다.

맺는말

미국이나 독일을 우리는 선진국이라고 한다. 우리는 그들 국가의 경제력만으로 그들을 선진국으로 분류하는가? 국민들의 의식수준-사고와 행동 등 문화적 수준이 선진화 되지 않으면 우리는 선진국으로 분류하기를 주저한다. 원조를 받는 국가에서 원조를 주는 나라로 성장한 한국도 이제 경제적 발전상만을 자랑할 단계는 지나지 않았을까.

인류가 추구하는 보편적 가치들을 우리 한국인들이 같이 추구하고 일상의 생활에서 남의 본보기가 될 때 세계 사람들도 우리를 존중하고 따뜻한 시선을 보내지 않을까.

외국인들이 넘쳐나는 서울거리를 보면서, 우리의 행동 하나 하나가 그들의 눈에 어떻게 비치고 있을지 궁금하다. 개방된 세계질서 속에서 선진사회로 가려면 먼저 우리 한국인 개개인들이 도덕적, 문화적 우위를 지켜야 하지 않을까 생각해 본다.

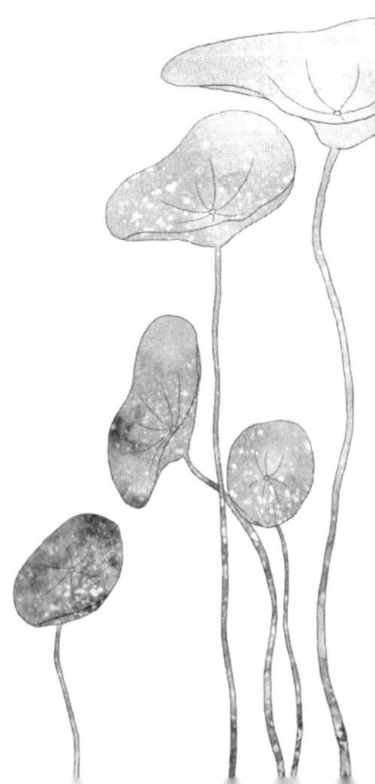

이덕봉

본명 이덕봉(李德奉), 필명 리산(里山)
쯔쿠바대학교 심리언어학 박사
동덕여자대학교 외국어학부장, 대학원장 등 역임
한국일본학회 회장, 한국교육문화융복합학회 회장 역임
메이카이대학 객원교수, 릿쇼대학 심리학부 초빙교수(2010-2015)
<국제문예> 수필부문 등단, 한국문인협회 회원, 현) 동덕여대 명예교수
저서로 『메타포의 심리학』(도쿄 세이신쇼보) 외 다수

부부가 된 소나무

붉은 용들이 하늘로 솟구치는 형상을 한 거대한 소나무 한 그루와 땅을 어루만지듯 다소곳이 춤을 추는 아담한 소나무 한 그루가 부부처럼 정겹다. 경기도 포천군 군내면 직두리 수원산 기슭에 자리 잡은 천연기념물 460호로 등록된 '부부송' 이다. 수원산 기슭 나지막한 언덕에 널따랗게 펼쳐진 수형이 초록빛 초가 한 채를 앉힌 듯 평온하다.

낭군송의 거대한 두 팔을 넓게 벌린 품에서는 사나이의 강한 힘이 느껴진다. 수십 마리의 붉은 용들이 하늘 향해 힘차게 날아오르고, 머리에는 장난 끼 있는 새끼 용들이 노니는 왕관을 쓴 왕송의 모습이다. 수천마리 용들이 뿜어내듯 날아오르며 추는 화려한 용무는 맑고 청명한 날에는 진양조로 추다가 비바람이 치는 날엔 휘모리장단이 된다. 빼앗긴 조국의 하늘을 지키고자 밤낮없이 용의 군사를 쏘아 올린 흔적인가, 가슴둘레에 뚫린 수많은 구멍에서 민족사의 아픔이 보인다. 낭군송의 위용은 유례를 찾을 수 없는 그 역사적 상흔으로 더 위대하다. 낭군송의 의연한 앞모습과는 달리, 뒤태를 보면 갖은 풍상으로 잘려나간 커다란 혹들로 빼곡하다. 만신

창이가 된 몸으로 용틀임하며 쉴 새 없이 용지(龍枝)를 뿜어내는 모습에 절로 고개가 숙여진다.

각시 소나무는 세상의 사악한 것을 몰아내고 왕의 나라가 입은 깊은 한을 풀어내듯 살풀이의 춤사위가 경건하다. 춤에 몰입한 나머지 비탈 아래로 미끄러지는 각시 소나무를 낭군송이 아름드리 팔을 벋어 살짝 잡아주는 모습에서 부부의 진한 사랑이 전해진다.

씻은 듯 깨끗하고 불그레한 용린으로 뒤덮인 낭군송은 수십 마리의 용들이 용틀임하는 '용송' 의 형상이다. 크고 넓은 품이 보는 이를 압도하는 '대왕송' 의 위엄을 갖추었다. 부부송의 주변에 여러 사찰이 모여 있는 것을 보면 중생의 소원을 들어주는 관음보살이 되어 '관음송' 의 역할도 할 수 있으리라. 수원산 깊은 골짜기에 장수처럼 떡 벌어진 어깨에 굵은 팔을 크게 벌리고 천하를 호령하는 모습은 영락없는 '장수송' 이다. 두 그루의 소나무가 서로 의지하듯 뒤엉켜 있는 모습에서 부부의 금슬이 넘쳐나고, 각시송의 간드러진 춤사위는 틀림없는 '미인송' 이다. 부부송은 두 그루 모두 적송에 속하는데, 적송은 여인처럼 아름답다 하여 '여송(女松)' 이라 불리기도 한다. 여인처럼 아름다운 피부를 갖고 있기 때문이리라. 낭군송의 수피는 맑고 붉어서 왕성한 혈기를 상징하고, 각시송의 수피는 고운 품성을 나타내 듯 붉은 빛이 덜하다. 소나무 가지가 아래로 쳐졌다 하여 '쳐진 소나무' 로 분류되지만, 넘치는 기상을 속으로 누르며 정중하게 예를 갖추는 모습은 '예송(禮松)' 이라 불리기에 손색이 없다. 설악산 권금성에 있는 학이 춤추는 형상을 한 '무학송(舞鶴松)' 이나 중국 황산의 인사하며 손님을 맞아들이는 모습을 한 '영객송(迎客松)' 과 견주어도 뒤지지 않는다.

산기슭 먼발치에서 바라보는 소나무는 춤을 추듯 멋들어지고 다정함이 돋보이지만, 가까이 가서 앞에 서면 그 위용에 압도되어 범접하기조차 어렵다. 굵고 거친 수피는 손을 내밀어 만져볼 엄두조차 나질 않는다. 마음을 굳게 먹고 소나무를 두 팔로 끌어안는 순간 인간과 소나무의 새로운 만남이 시작된다. 소나무에게 말을 걸면 소나무가 화답하는 새로운 경험을 하게 된다. 사람과 사람이 대화를 나눌 수 있는 것은 개념화된 언어라는 공통의 문화 기호가 있기 때문이다. 인간과 소나무의 대화도 소나무가 우리의 삶과 역사를 통해 문화 기호가 되어있기에 가능한 일이다. 소나무 수피에 귀를 대고 소나무가 머금었다 토해내는 자연의 소리와 인간과 함께 지내온 갖가지 이야기를 들으면서 소나무와 교감할 때, 가슴으로 소나무를 느끼게 된다. 천장까지 책이 가득 쌓인 서가처럼 빼곡히 찬 소나무의 두터운 수피에서 그 동안 겪어 온 숱한 풍파와 질곡의 역사가 연륜 만큼 곰삭은 이야기 되어 흘러나온다. 낭군송의 몸통에 남은 잘려나간 자국들은 어떤 사연이 있었기에 저토록 상처투성이가 되었을까. 잘린 자국이 굵은 것을 보니 다 자란 뒤에 억지로 잘려나간 것 같다. 일설에 의하면 일제 때에 소나무의 힘이 강하여 그 정기를 쇄하게 하기 위해 저지른 만행의 흔적이라고 한다. 원래의 가지들이 모두 붙어 있다면, 거대한 용들이 천수관음처럼 무서운 힘을 뿜어냈을 것이다. 침략자들로서는 천수관음의 힘찬 팔을 잘라야 했음직도 하다. 낭군송이 그 숱한 수난을 당하는 사이에도 곁을 지켜온 각시송의 굳은 지조는 '열녀송'이라 불러 마땅하다.

부부송은 낭군송이 각시송의 등을 긁어주는 형상이다. 스킨십이야 말로 부부의 금슬이 좋아지는 비법임을 몸소 보여주는 듯 하다.

얼굴을 붉힌 채 한쪽으로 고개를 돌리고 부끄러워하는 각시송의 자태가 사랑스럽다.

부부송의 앞에는 무속인들의 촛불이 밤낮으로 꺼지질 않고, 부부의 소원을 들어주는 영험이 있다 하여 수많은 부부와 아낙네들이 조용히 소원을 빌고 가는 신목(神木)이다.

수원산 기슭에 땅거미가 내리기 시작하면 혹독한 아픔과 시련을 사랑으로 승화시킨 소나무 부부는 손을 마주잡는다. 오늘 접수된 여러 부부들의 갖가지 소원을 의논하느라 밤이 깊도록 도란도란 계곡을 흐른다.

소나무와 나눈 대화

대관령 자연 휴양림에서 아침을 맞았다. 일출 무렵 산등성이에 오르자 숲속에 늘어선 아름드리 금강송들의 아침 햇살을 받아 붉은 빛을 띤 모양이 마치 방금 미역을 감다 일어선 여인처럼 요염하다. 백두산 자락에 자생하는 소나무를 미인송이라고 부르는 까닭을 알 것만 같다. 숲속으로 난 길에서 다가서는 아름드리 소나무를 두 팔 가득 안아보니 차가운 아침공기와 달리 따스함이 전해 온다. 새끼를 품을 때 바늘을 누이는 어미 고슴도치처럼 거칠지 않은 표피의 감촉이 포옹하듯 포근하고 편안하다. 두툼한 수피를 따라 들려오는 바람소리와 계곡물 소리 새소리를 듣노라면 나도 모르게 소나무에게 말을 걸게 된다.

초면에 딱히 꺼낼 말도 없고 하여 통성명 하는 마음으로 '소나무' 라 불리게 된 연유를 묻는다. 대개의 나무들은 그 과일의 이름으로 나무 이름이 정해진다. 감이 열리면 감나무, 배가 열리면 배나무, 잣이 열리면 잣나무, 상수리는 상수리나무, 은행은 은행나무라 부른다. 인간이 나무에게 바라는 가치가 열매에 있기 때문이다.

그런데 많고 많은 나무 중에서 소나무와 참나무의 이름에는 과일이 아닌 다른 가치가 부여되어 있다. 소나무는 원래 '솔나무'에서 변한 것으로 우두머리를 뜻한다. 한자로도 소나무 송(松)자는 목(木)공(公) 즉 나무 공작을 의미하니 나무 중의 우두머리라는 점에서 우리말과 일치한다. 참나무는 나무중의 진짜 나무라는 뜻이라 하니, 두 나무 모두 우리 민족의 특별한 편애가 느껴진다. 건축재로서의 소나무의 가치와 숯의 재료로서의 참나무의 가치를 높이 산 명명일 것이다. 인간의 삶에 도움을 줌으로써 인간과의 관계에서 얻은 영광인 것이다. 소나무의 풍모가 의연한 이유를 알 것 같다.

시골길을 따라 가다 산모롱이 돌아서면 반기듯 춤추는 소나무가 먼저 눈에 들어온다, 소나무더러 다들 어떤 곳에 사느냐고 묻는다. 소나무가 가리키는 곳을 따라 눈을 옮겨가니 소나무 능선이 보인다. 소나무는 처음엔 수분이 넉넉한 저지대 산자락에 군락을 이루어 산다. 소나무가 내뿜는 자기 방어 성분 때문에 건강한 소나무 숲 아래에는 다른 초목이 살기 힘들다. 그러나 풍부한 수분과 영양분에 힘입어 활엽수가 득세하게 되고 소나무의 수간 조정을 게을리하는 사이 스트레스에 약한 소나무는 쇠퇴한다. 넝쿨 식물이 소나무를 휘감아 조이고 활엽수의 키가 소나무를 덮어 햇빛을 가리면 소나무는 고사하여 마을을 떠난다. 일반 식물들이 기피하는 고지대로 쫓겨나 수분 공급이 부족한 척박한 능선에서 꿋꿋하게 뿌리를 내려 지금과 같은 소나무 능선을 이루게 된다. 이처럼 군락을 이루는 성질과 척박한 환경에도 잘 적응하는 성질이 마치 수난의 역사를 마을 주민들이 힘 모아 극복해 온 우리민족의 강인한 생명력을 보는 것만 같다.

한편, 방치된 소나무 군락지에서는 오백년이 넘는 소나무를 만나기가 어렵다. 수간 조정이 되질 않아 더 자라지 못하기 때문이다. 천연기념물로 지정된 소나무들처럼 오백년이 넘는 거목은 대부분 마을 입구나 한가한 곳에 홀로 서서 마을의 수호신이 되어있는 경우가 많다. 자신의 군락지를 떠나 인간과 더불어 살아감으로써 장수의 혜택을 누리고 있는 것이다. 소나무가 모여 살던 마을을 떠나 인간의 마을에 자리를 잡고 민족문화가 된 소나무를 앞으론 각별히 대해야겠다는 생각이 든다.

체질상의 이유로 근래 20여년을 술 한 모금 입에 댄 적이 없는 나에게 "술이 없이 스트레스는 어떻게 푸느냐"고 묻는 이들이 있다. 나의 스트레스 해소법은 간단하다. 평생을 산 가까이 살면서 틈나는 대로 솔바람을 쐬며 숲길을 거니노라면 스트레스는 말끔히 사라지기 때문이다. 소나무가 분비하는 피톤치드 성분이 뇌 활동을 활성화 시킨 덕분이라는 연구 결과를 듣고서야 그 까닭을 알게 되었다. 그러나 이러한 효능은 현대과학에 의해 비로소 알려진 것은 아니다. 왜냐하면, 소나무의 효능은 우리 민족의 오랜 전통과 생활 속에서 확인할 수 있는 오랜 지혜이기 때문이다. 우리민족은 소나무아래에서 태어나 소나무와 더불어 살다가 소나무 아래 잠드는 색다른 일생의 문화를 가진 민족이다. 소나무는 살아서 천년 죽어서 천년이라는 말이 있다. 살아서 천년이란 그만큼 우리 생활 주변에서 오랫동안 함께 산다는 것이고, 죽어서도 천년을 목재로서 우리 삶속에 함께 한다는 뜻일 것이다. 소나무는 우리 민족의 삶과 함께하는 존재임을 나타낸 말인 것이다. 천년을 이어온 소나무의 속삭임을 우리 조상들은 잘 알아듣고 있었던 것이다.

예로부터 우리 조상들은 풍입송(風入松)이라는 솔바람 태교의 전통이 있었다. 풍입송이란 소나무에 깃드는 바람 소리라는 의미로 고려시대부터 전해오는 거문고 가락을 이른다. 사대부 여인들이 임신을 하면 천년송 아래에 정좌하고 태아에게 솔바람 소리를 들려주거나, 소나무 소리를 연주한 풍입송을 들려줌으로써 소나무의 정기를 받아 건강하고 곧은 아이가 되도록 기원하였던 것이다. 태아가 자연의 소리와 교감하도록 하는 자연주의적 태교이면서 가야금 소리로 승화된 예술로 솔바람 소리를 느낄 만큼 수준 높은 태교이었던 것이다. 아기가 태어나면 금줄에 소나무 가지와 붉은 고추 등을 꽂아 부정을 막았고, 태어난 아기가 아프기라도 하면, 삼신할머니에게 빌기 전에 맑은 물을 솔잎에 묻혀 방 네 구석에 고루 뿌려 집안을 정화하였다. 정월 대보름 전후에는 소나무 가지를 매달아 액막이로 사용하였으며, 동지에는 팥죽을 쑤어 솔잎에 묻혀 뿌렸다. 혼례식 초례상에는 소나무와 대나무를 꽂아 절개를 상징하였는가 하면, 동제 때는 금줄에 소나무가지를 매달아 잡귀를 쫓았다. 장을 담글 때도 금줄에 소나무 가지를 꿰어두어야 안심이 되었다. 산신당 신목이나 서낭당목, 목장승의 재료로도 선호되었고, 마을의 동신목으로 사용될 만큼 소나무는 특별한 존재였다. 전국에 천연기념물로 지정된 40여 그루의 소나무가 대부분 마을 가까이에서 수호신 역할을 하는 것도 그 때문이리라. 이렇게 우리 조상들은 소나무의 치유 능력을 신성시 하여 어려울 때 마다 소나무와 의논하고 소통해 온 것이다. 해방 후 일찍이 경기인간문화재로 지정된 도예가 도암 지순탁 선생께서 청자를 복원할 때 가마에 지피는 나무로는 소나무를 고집하였던 것도 화학적 이유를 넘어 선 더 깊은 이유가 있었을 것이다.

이 지구상에는 로마의 가로수로 잘 알려진 우산 모양의 소나무를 비롯하여, 양질의 목재로 유명한 독일의 곧은 소나무, 중국 황산의 그림 같은 황산송 등 멋들어지고 곧게 뻗은 소나무는 많지만, 소나무를 신으로 모시고 더불어 사는 것은 우리 민족 외에는 그 예가 없다. 몇 천년을 소나무와 나누어 온 대화가 이루어 낸 문화적 결실인 것이다.

좀 더 화제에 깊이를 더하여 묻는다, 우리 민족과의 사이는 얼마나 가까웠고 어느 정도로 신뢰를 받아 왔는지에 대하여. 집주위에 송죽을 심으면 생기가 돌고 속기를 물리칠 수 있다 한다. 전통 가옥의 용마루로는 춘양목을 선호하며, 소나무 기둥에 소나무 서까래를 얹고 대청마루엔 송판을 깔고 안방에 걸린 족자와 병풍에는 낙락장송을 그려 넣는다. 밤에는 관솔로 불을 밝히고 솔잎 요에 누워 솔잎 베개를 베고 단잠을 청한다. 꿈에 소나무를 보는 것은 벼슬을 할 길몽이다. 현실에서 꿈의 세계에 이르기 까지 온 종일 소나무 강보에 감싸인 삶인 것이다.

식품으로서의 활용은 더할 나위 없이 화려하다. 추석이면 송편을 찔 때 솔잎을 깔아 솔향을 담았으며, 송엽주와 송하주에 취하고, 솔잎차의 향을 음미하며, 참솔 잎을 찧어 만든 솔가루를 먹는다. 기근이 들어 식량이 떨어지면 최후 수단으로 소나무의 속껍질을 삶은 송기죽으로 연명 하였다. 향과 맛이 좋아 버섯 중에 최고의 식품으로 평가받는 송이버섯을 비롯하여 송화다식, 송진, 송엽죽, 송자민죽, 송절, 솔엿, 송기정과, 송기떡에 송라와 복령에 이르기까지 소나무에서 추출된 갖가지 식품의 섭취를 통해 소나무는 우리의 몸이 된 지 오래다. 우리 민족의 몸에서는 금방이라도 소나무 향이 풍길 것만 같다.

솔찜질로 병을 고치는가 하면 죽어 저 세상으로 갈 때는 소나무 관재가 쓰이고 묘지 주위의 도래솔은 장생을 의미한다. 민화에는 십장생의 하나로 소나무가 등장하고 소나무 아래에는 호랑이가 한가롭게 거닐며 가지에는 까치가 시끄럽게 울어대는 모습이 정겹다. 다도에서 가마솥에 찻물 끓는 소리를 송풍이라 하여 높이 평가하는 풍류하며, 관솔향과 송화향을 즐기던 풍류는 소나무 문화가 예술의 경지에 달했음을 말해준다. 이쯤 되면 소나무가 국가 브랜드 대열에 낌직도 하다.

소나무는 다양한 이름으로 불리는데 그 까닭을 묻는다. 대대로 소나무와 나누어 온 교감을 통해 솔향은 한민족의 DNA에 각인된 듯 소나무의 문화 기호는 이름이 된다. 소나무의 수피를 용린이라 하는데 충북괴산의 용송은 여러 마리의 용들이 용틀임하며 힘차게 하늘로 오르는 형상을 말한 것이고, 왕송에서는 소나무의 모습에서 보는 이를 압도하는 대왕의 기상을 느낀 것이다. 사도세자의 숨결이 서려있는 영월 청령포의 관음송은 슬픈 역사를 가슴에 묻은 채 중생을 굽어보는 의연함에서 관음보살의 자비를 느꼈을 것이다. 선운사 골짜기의 장수송은 깊숙한 산골짜기에 장수처럼 떡 벌어진 어깨로 믿음직스럽게 서있는 모습에서 장수의 기상을 느꼈을 것이다. 포천의 부부송에서는 두 그루의 소나무가 서로 의지하듯 뒤엉켜 있는 모습에서 부부의 금슬을 보았고, 백두산 지역의 미끈하게 벋은 미인송에서는 여인을 본 것이리라. 소나무의 분류에 따른 이름도 있다. 이파리 숫자에 따라 일엽송에서 오엽송까지 분류하는가 하면, 수분이 부족한 육지 쪽에 분포하는 육송과 수분이 많은 바다 쪽의 해송으로 나뉜다. 수피가 붉은 기를 띠는 적송과 검은 빛을 띠는 곰솔, 흰색을 띠는 백송, 황금빛이 난다 하여 황금송이라 부른다. 적송은 여인처럼 아름답다하여 여송(女松)이라 불리기도 한다. 가지가 아래쪽에서 여러 갈래로 갈라져 관목이 된 반송은 조경수로 선호한다. 가지가 쳐졌다 하여 쳐진 소나무, 솔방울이 닥지닥지 붙어있다고 '다닥다닥소나무', 솔방울이 가지에 몰려 있다고 '도깨비방망이소나무' 등 동화에나 나옴직한 이름도 있다. 출신지가 이름이 된 명품 소나무도 있다. 금강산과 강원도 지방의 곧고 붉은 소나무는 금강송 또는 강송이라 하여 고급 목재로 쓰이고, 청양지방의 소나무는 몸값이 비싼 청양목이라 부르며, 안면도의 소나무는 안면송이라 부른다. 이렇게 많은 개념화가 이루어졌다는 것은 소나무가 우리 문화 속에 굳게 뿌리내린 증거이다.

한국 소나무의 수피는 아름답기로 유명하다. 우윳빛 운해를 배경으로 바위 절벽에서 기묘한 자태를 뽐내는 중국 황산의 소나무는 수형이 아름다워 동양화의 그림이 된다. 그러나 수피는 검게 젖어 있어 정이 가질 않는다. 그러나 한국의 천연기념물인 노거수들의 거칠지만 뽀송뽀송한 수피는 인간의 피부처럼 친근하다.

이처럼 문화적으로 호강을 하며 살아 온 소나무가 수형은 꼬이고 눕고 구부러진 것이 이상하여 그 까닭을 묻는다. 본디 소나무는 굽어 자라는 성질의 나무가 아니다. 척박한 환경에서 꺾이고 굽혀지면서도 끈질기게 살아남다 보니 춤추듯 굽은 모습으로 자라게 된 것이다. 마을 입구에 있는 적송 중에 굽은 것이 많은 것은 마을과 함께 자연재해를 잘 이겨낸 결과이며 고산 지대에 분재처럼 자란 오엽송도 건조하고 바람이 거센 척박한 환경을 버텨낸 인고의 결실인 것이다. 스트레스에 약하면서 고난에는 강한 우리민족과 닮은 꼴이다.

소나무가 모델이 된 이야기는 더욱 흥미롭다. 한국의 민화나 동양화에 그려진 소나무는 하나같이 굽은 것들이어서 소나무 하면 굽은 이미지가 자연스럽다. 우리 민족은 그림과 노래로 소나무와 교신한다. 소나무를 읊은 노래 중에 애국가와 선구자는 많은 사람들에게 사랑받고 있는 노래들이다. 애국가 2절의 '남산 위의 저 소나무 철갑을 두른 듯' 이라는 부분에서 한국인들이 생각하는 남산과 소나무는 제각기 다른 모습이겠지만 고향의 남산에 있는 소나무를 상상하거나 서울 남산에 있을 것으로 생각되는 낙락장송을 연상할 것이다. 선구자의 "일송정 푸른 솔은 늙어 늙어 갔어도" 부분에서는 본 적 없는 중국 해란강 가에 있을 일송정의 소나무를 상상하게 된다. 두 노래에서 철갑처럼 두터운 수피에 싸인 낙락장송을 연상하게 되는데, 우리 민족이 그리는 소나무의 대표적 이미지라 하겠다. 소나무 가지의 구부러진 모습에서 용틀임을 보듯 소나무의 모습은 강인한 생명력의 상징이기도 하다.

추사의 세한도(歲寒圖)에 그려진 소나무와, 이이가 송죽매를 세한삼우(歲寒三友)라 일컫고 그중 소나무를 제일로 삼은 것에서 추위와 고난을 잘 견뎌내는 소나무의 꿋꿋한 이미지를 볼 수 있다. 사육신의 한 사람인 성삼문이 '낙락장송이 되어 독야청청 하리라' 고 곧은 절개를 노래한 것 또한 우리 민족이 소나무에서 찾아 낸 정신 자세인 것이다.

소나무와 이야기를 나누다 보면 역사적 사실도 듣게 된다. 마을 뒷산의 커다란 소나무마다 눈높이 부분에 손바닥만 한 구멍이 파인 것을 볼 수 있다. 태평양 전쟁 때 일제의 강요로 비행기용 기름을 채집하기 위해 뚫었던 구멍이 아물다 만 아픈 상흔이다. 우리나라가 원산지인 적송은 1928년 일본인 우에키의 연구를 통해 세계에 알려지면서 'Japanese Red Pine' 이라는 식민지 국명이 이름이 된 채 여태 독립시키지 못한 것이 안타깝다. 신라의 멸망은 불량 소나무의 출현이 원인이었다는 전설이 전해 오는데 기후 변화와 소나무의 관계를 통해 국가의 흥망을 알 수 있는 사례이기도 하다.

천년을 살아 온 만큼 영광스러운 역사도 빠질 수 없다. 법주사 가는 길목에 우뚝 선 정2품송은 1464년 세조께서 법주사에 행차하실 때 왕의 가마인 연이 걸릴 것을 염려하자 소나무가 가지를 번쩍 들어 올려 왕의 행차가 무사히 통과할 수 있게 하였다 한다. 세조가 이를 치하하여 정2품 벼슬을 내렸다고 하는데, 소나무의 충성을 강조함으로써 왕권을 강화하기 위한 술책일 수도 있겠으나 소나무에 투영된 충절의 의미를 엿볼 수 있다.

백제 무령왕릉의 목관은 일본의 소나무로 알려져 있는 금송으로 짠 것으로 보아 금송이 백제에도 자생하고 있었음을 알 수 있는 사료가 된다. 임진왜란 때 이순신 장군이 지휘하던 거북선이 승승장구했던 것도 갑판 부분은 소나무로 강한 선체를 만든 뒤에 충격을 완화하기 위하여 닿는 부위마다 참나무나 가시나무로 충격완화 장치를 덧댄 지혜가 있었기 때문이다. 이처럼 우리 역사의 요소요소에서 소나무가 중요한 역할을 하고 있음을 알 수 있다.

소나무가 막걸리에 취한 이야기는 압권이다. 경북 영주에 있는 운문사에서는 해마다 수십명의 비구니들이 주전자에 막걸리를 담아 커다란 소나무 주위를 에워싸고 막걸리를 공양하는 광경을 볼 수 있다. 영양 주사제가 발달하기 전부터 사용하던 방법이다. 막걸리에 취해서인지 운문사의 소나무는 얽히고설킨 가지들이 땅에 닿도록 늘어져 거대한 분재처럼 아름다운 자태를 뽐낸다.

소나무에게 말을 걸어보기 까지는 이토록 긴 대화를 나누게 되리라고는 짐작조차 할 수 없었다. 일상생활에서 익히 보는 그림 속의 소나무는 언제나 손짓하듯 친근하며, 산기슭 먼발치에서 바라보는 소나무는 춤을 추듯 멋들어지다. 그러나 가까이 가서 바로 앞에 서게 되면 그 위용에 압도되어 범접하기가 어렵고, 굵고 거친 수피는 손을 내밀어 만져볼 엄두조차 나질 않는다. 그러나 마음을 굳게 먹고 소나무를 두 팔로 끌어안는 순간 새로운 만남이 시작된다. 소나무에게 말을 걸면 소나무가 화답하는 새로운 경험을 하게 되는 것이다. 사람과 사람이 대화를 나눌 수 있는 것은 개념화된 공통의 문화 기호가 있기 때문이다. 인간이 소나무와 말할 수 있는 것도 소나무가 우리 삶 깊은 곳까지 들어 와 문화 기호가 되어있기에 가능한 일이다. 소나무 수피에 귀를 대고 소나무가 머금었다 토해내는 자연의 소리와 인간과 함께 지내 온 이야기를 들으면서 소나무와 교감할 때, 한국문화의 속살 같은 소나무의 가슴을 느끼게 된다. 천장까지 책이 가득 쌓인 서가처럼 꼭대기까지 빼곡히 찬 소나무의 두터운 수피에서 그 동안 겪어 온 숱한 풍파와 질곡의 역사가 연륜만큼 곰삭은 이야기가 되어 끊임없이 흘러나온다.

소나무의 용린마다 켜켜이 쌓인 얘기를 듣노라면 하루해가 어찌나 짧은지 어느새 해질녘을 맞는다. 소나무 그림자 뒤로 붉은 태양이 솔가지를 타고 미끄러지듯 빨려 들어가는 모습이 황홀하다. 태양을 삼킨 금강송의 수피가 유난히도 붉어진 것을 보니 다시 미역을 감을 시간이 되었나 보다. 얼른 자리를 비켜야 할 것 같다.

일기일회의 소중한 만남

'사람' 이라는 낱말에는 여러 가지 오묘한 의미들이 담겨있다. 사람이라는 발음에는 '살다' 라는 의미가 들어있다. 사람을 줄이면 '삶' 이 되고. 다시 풀면 '살림' 이 된다. 사람을 부드럽게 여운을 더하면 '사랑' 이 된다. '사랑' 은 사람과 사람의 만남을 통해 성립된다는 점에서 만남은 사람을 사람답게 하는 요소인 셈이다. 사람은 삶을 이루고 삶을 통해 사랑이 싹트고 사랑은 다시 사람을 낳는다. 한자의 사람 인(人)자도 두 획이 서로 의지하는 만남을 의미한다.

우리는 수많은 만남을 매일같이 경험하지만, 지구에서 누군가를 만날 확률은 기적이라는 말로 표현될 만큼 귀한 일이다. 길을 가다가 지나가는 사람과 옷깃이 스치는 일 조차도 기적적인 인연이다. 이 지구에 살고 있는 67억이나 되는 하고많은 사람 중에 한 번이라도 옷깃을 스칠 수 있는 확률은 기적에 가깝기 때문이다. 게다가 우리가 살고 있는 우주의 광활함을 생각하면, 만남의 확률은 더욱 요원한 기적이 된다. 지구가 속해 있는 은하계에는 1500억 개나 되는 태양계가 있고, 우주에는 42억 개의 은하계가 있다. 따라서 우주에는 6조 3천억 개의 태양계가 있는 셈이고, 태양마다 10개의 행성이 있다고 가정 한다면 어림잡아 63조개의 행성이 우주에 떠 있는 셈이다. 크기와 환경을 생각할 때 우주에 지구와 똑같은 위성이 존재할 확률은 매우 높다. 우리는 어쩌면 전혀 다른 태양계의 행성에 태어났을 수도 있는 것이다. 쉬지 않고 움직이는 우주에서 여러 단계의 자전과 공전을 생각할 때 지구는 초속 500여 킬로미터의 속도로 움직인다. 이렇게 광활한 우주의 수많은 별 중에서 이렇게 빠른 속도로 움직이고 있는 한없이 조그마한 지구에 태어나서 같은 시대 같은 시간에 같은 장소에서 만난다는 것은 계산으로 나타낼 수 없는 기적 그 자체인 것이다.

기적의 정의 중에는 구체적인 확률로 나타낸 것이 있다. 기적이란 영겁의 시간 속에 딱 한 번 일어날 수 있는 현상이라는 것이다. 영겁이라는 시간은 천년에 한 번씩 지상에 내려 온 선녀가 투명하고 얇은 비단으로 짠 날개옷으로 올 때마다 한 번씩 스쳐서 천 평이나 되는 커다란 바위가 닳아 없어지는 시간이란다. 수퍼 컴퓨터로도 표현할 수 없는 긴 시간이 아닐 수 없다. 옷깃을 스치는 만남도 기적적인데, 더 가까운 가족으로서의 만남, 직장 동료로서의 만남, 같은 단체 같은 학교 같은 마을 사람으로서의 구체적인 만남은 더욱 귀한 기적이 아닐 수 없다.

일기일회란 일생 동안에 단 한 번 밖에 경험할 수 없는 귀한 만남이라는 의미이다. 모든 만남을 생에 단 한 번의 만남이라 생각하고 소중하게 임한다는 뜻이다. 만남에는 여러 종류의 만남이 있다. 상봉이란 서로 알고 만나는 것이고, 해후란 어쩌다 우연히 만나는 것이다. 회합은 여럿이 만나는 것이고 회동이란 같은 목적으로 만나는 것이다. 공회란 공적인 목적으로 만나는 것이고 밀회란 비밀리에 만나는 것이다. 기우란 기이한 인연으로 만나는 것이고, 운명적인 만남이란 필연적인 만남이리라. 대학가의 미팅이나 소개팅은 젊은 남녀의 만남을 주선하는 자리이고 맞선은 새로운 커플을 탄생시키기 위한 자리이다. 엠티나 엘티는 서먹한 팀원을 맞아들이기 위한 선후배간의 만남이다. 이런 다양한 만남들이 모두 기적적인 현상임에는 변함이 없다.

사람과 사람의 만남은 인사말과 함께 다양한 상호 접촉으로 시작된다. 우리말의 인사는 '안녕' 으로 대표된다. "안녕히 주무셨습니까." 라고 물음으로써 숙면 여부를 통해 건강을 확인하고, "진지잡수셨습니까." 라고 물어 입맛의 점검을 통해 건강을 확인한다. 안녕이란 만나는 상대방의 건강 상태를 확인하는 인사말인 것이다. 어린 사람에게도 "안녕" 이라 하여 건강하게 자라고 있음을 확인하고, 떠나는 인사 '안녕' 에도 편히 가라는 뜻을 담는다.

인사말과 함께 수반되는 접촉은 손을 잡아 악수하거나 포옹하기도 하고, 볼에 뽀뽀하거나 키스를 나눈다. 친구 사이엔 어깨를 두드리거나 두 손을 부여잡는다. 이처럼 모든 만남의 시작은 접촉으로 교감한다.

만남을 속성으로 하는 '사람' 에게서 만남을 빼버리면 삶의 원동력인 사랑을 잃게 된다. 사랑을 잃으면 고독에 빠지게 되고 우울증과 같은 죽음에 이르는 병을 앓게 된다. 사람이 사랑을 필요로 하는 이유이다. 만남에서 접촉을 통해 서로를 교감하듯 대화는 서로의 마음을 교감하는 접촉의 다른 모습이다. 건강한 만남은 대화로 유지된다. 철학자 마르틴 부버(Martin Buber) 는 대화의 중요성을 통해 만남의 철학을 제안한다. 만남에서 인사말이나 접촉을 진실되게 나누면 환대가 되지만, 생략되거나 건성으로 나누면 홀대가 되고, 큰소리로 강한 접촉을 주고받으면 적대와 학대가 된다. 대화도 접촉과 마찬가지로 상대를 무시한 대화는 상처가 되지만 서로를 섬기는 대화는 사랑이 된다. 하나의 만남은 기적이지만 삶속에서 만나는 수많은 만남이 아름다운 만남과 잘못된 만남으로 나뉘는 것은 섬기는 마음여하에 기인한다. 서로 다른 목소리라도 리듬을 맞춘 대화는 즐겁다. 생각이 서로 다를지라도 서로를 섬기는 마음으로 나누는 대화는 사람을 살게 하지만, 불협화음은 사람을 죽게 한다. 모든 만남을 일생에 단 한 번만의 일기일회라 생각하고 서로를 섬기는 마음으로 성의를 다 해 대할 때 만남의 기적은 아름다운 만남이 되고 사람을 살게 하는 새로운 기적이 된다.

벚꽃 가슴에 피다

아침에 창문을 여니 온 세상이 하얗다. 하늘이 흰색 천으로 뒤덮인 듯 보이는 모든 풍경이 흰빛이다. 아침 햇살이 반사되는 벚꽃은 천지개벽의 놀라움이다. 꽃에 홀린 듯 밖으로 나와 하얗게 변한 풍경 속으로 들어간다.

벚꽃은 기쁨이다.

긴 겨울의 무거움을 벗어던지고 활짝 웃는 어린아이처럼 거리가 웃는다. 입학 입사 신혼의 기쁨이 꽃이 된다. 비발디의 사계 중 봄의 선율처럼 경쾌하다. 벚꽃은 지난해부터 미리 마련해 두었던 꽃눈을 엄동설한 가녀린 가지 속에 고이 품어오다 봄의 기척에 맨 먼저 꽃망울을 터뜨리는 인고의 결과이기에 더욱 기쁘다. 잎사귀보다 꽃이 먼저 피어나는 모습이 멀리서 찾아온 임을 버선 바람으로 맞아주는 여인처럼 반갑다. 일상의 잡다한 상념이 꽃잎 속으로 사라진다.

벚꽃은 슬픔이다.

살포시 부는 바람에도 무너지듯 쏟아져 내리는 꽃잎은 슬프다. 나라를 빼앗겼던 치욕의 역사와 골육상잔의 전쟁으로 입은 상처가 꽃잎 되어 떨어진다. 밤 새 개울에 하얗게 쌓인 꽃잎들이 눈물방울 되어 흐른다. 봄에 일본인들은 벚나무 아래에 삼삼오오 모여앉아 술잔을 기울이며 꽃을 만끽하지만, 꽃에서 눈물을 기억하는 한국인은 벚꽃 아래에서 취할 만큼 흐트러질 순 없다. 꽃바람 속에 우수수 쏟아지는 꽃잎 속에 갖가지 슬픔이 묻어 날아간다. 벚꽃의 진수가 낙화에 있는 것은 슬픔을 극복한 때문이리라. 차이코프스키의 무반주 첼로곡이 들려온다.

벚꽃은 분노다.

정치적 세뇌에 속아 억울하게 전장의 이슬로 사라진 젊은 영혼들이 벚나무 아래에 묻혀 분노한다. 쇼팽의 전주곡 22번처럼 짧지만 거세게 휘몰아친다. 군국주의자들은 벚꽃이 쏟아지듯 떨어지는 모습에서 주군을 위한 죽음의 미학으로 예찬하고, 일본 육군의 옷깃에 연분홍 벚꽃 색을 입혀 죽음을 미화하였다. 덜 핀 수많은 젊음들이 꽃잎이 되었다. 젊은 영혼들이 속은 것을 알아차린 듯 하얀 분노가 가지를 타고 하늘로 치받는다. 35년간 빼앗긴 나라에서 당한 갖가지 치욕이 한으로 승화되어 하얗게 폭발한다.

벚꽃은 꿈이다.

벚꽃이 가득한 꽃 터널을 걷노라면 마음은 이미 꿈속이다. 보이는 것 들리는 것이 꿈만 같아 드림워커가 된다. 달빛을 그린 드비시의 피아노 선율처럼 꿈속을 거니노라면 갖가지 번민들이 하얗게 꽃이 된다. 떨어지는 벚꽃을 손으로 잡으면 소원이 이루어진다고 한다. 쏟아지는 꽃잎을 향해 손을 내민다. 자그마한 꿈이 한 잎 손바닥에 내려앉는다.

벚꽃은 사랑이다.

벚꽃 길을 걷노라면 함께 걷는 사람들이 모두 벚꽃이 된다. 하얗게 웃는 얼굴들이 사랑스럽고 하얀 웃음소리가 사랑스럽다. 벚꽃 아래에서는 겨울에 헤어졌던 사랑이 다시 만나고, 벚꽃의 마법에 걸린 또 다른 사랑이 피어난다. 꽃잎이 우수수 쏟아져 내려도 끊임없이 피어나는 꽃잎으로 빼곡하듯 거리는 새로 피어난 사랑으로 가득하다. 벚꽃 길에는 발그레한 볼처럼 봄 처녀의 사랑이 피어오른다. 쇼팽의 빗방울 전주곡이 함께 핀다.

벚꽃은 평화다.

이른 봄 차가운 바람 속에 여린 꽃잎을 먼저 터뜨리는 아픔은 새 생명에게 보내는 평화의 메시지다. 춥고 긴 겨울을 보낸 뒤 맞이한 따뜻한 봄처럼 벚나무에는 평화가 활짝 핀다. 마음 속 깊은 곳에 쌓여있던 슬픈 분노가 쇼팽의 녹턴처럼 하늘거리며 평화로 승화된다. 1984년 창경원의 복원으로 6,70년대의 낭만이던 밤 벚꽃놀이는 분노의 추억 속으로 사라지고, 고도성장으로 되찾은 자신감은 평화의 벚나무로 전국을 장식한다. 길에는 벚나무 가로수가 즐비하고 벚꽃 명소마다 평화가 가득하다. 지나온 슬픈 역사는 꽃잎으로 덮고 평화의 미래를 기도하는 마음으로 꽃길을 걷는다.

벚꽃은 하나 됨이다.

각자의 색깔을 지우고 하나의 색으로 물든 벚꽃 길을 걷는 동안 가족은 하나가 되고 이웃이 하나가 된다. 강남 강북이 하나 되고 영호남이 하나 되고 도시와 농촌이 하나가 된다. 진해 군항제와 섬진강변의 벚꽃 길을 시작으로 경주 보문단지, 전군가도를 지나 속리산 벚꽃 길, 경기도청, 여의도 윤중로, 강릉 낭만가도를 거쳐 평양 대동강에 이르기까지 벚꽃으로 남북이 하나가 된다. 닫힌 가슴이 하얗게 열린다.

언어를 버리는 지혜

인간에게 언어가 없었다면 지금쯤 어떤 모습으로 살아가고 있을까. 원숭이처럼 경계음을 내는 정도의 단순한 전달 수단으로 살아가고 있을 가능성이 크다. 언어가 없기 때문에 생각할 수도 없고 느낌을 전달할 수도 없었을 것이므로 집단을 이루거나 사회를 형성하지도 못했을 것이다. 개체 단위로 떠도는 상태에서 손에는 아무런 도구도 없이 나약한 종으로 살아갈 수밖에 없다. 여느 동물과 마찬가지로 체모로 덮여 페로몬의 유혹에 따라 교미하고 새끼를 낳아 어미는 조그만 굴속에서 새끼를 기르고, 먹이를 찾아 떠돌다가 원숭이에게 밀리고 고릴라에 쫓기며 늑대나 호랑이는 최대한 멀리 피해 가면서 가까스로 종족을 유지하는 멸종 위기에 직면한 동물이었을 것이다. 만일 다른 영장류가 존재한다면 인간은 천연기념물로 보호받고 있을지도 모른다. 언어가 없으므로 오늘 해야 할 일을 계획할 수도 없고, 다른 사람과의 약속은 물론 미래의 설계 또한 불가능 하다.

언어가 없다는 것만으로 이렇게 삶의 양상이 달라지다니, 인간의 삶에서 언어가 차지하는 역할이 절대적이라는 사실에 새삼 놀라게 된다.

심리학의 연구 성과에 따라 언어는 인간만의 전유물이 아니고 모든 동물들이 나름대로의 전달 수단을 갖고 있다는 것은 오래전에 밝혀진 바이다. 다년간 고릴라에게 인간의 단어를 가르친 결과 최대 2000여 단어를 인식하기에 이르렀으나 발음이 되질 않아 의사소통은 불가능하였다. 그러나 수화를 가르친 결과 1000여 단어를 습득하고 구사하게 되었고 나중에는 원숭이의 수화 속도가 너무 빨라 가르친 조련사마저 알아보기 힘들 정도였다 한다. 원숭이는 제스처라는 언어의 달인이었던 것이다. 캘리포니아의 33살짜리 로렌드고릴라 코코는 충치의 고통을 수화로 호소하여 치료를 받아 화제가 된 적이 있다. 이처럼 고릴라는 학습을 통해 상당한 수준의 언어를 구사할 수 있는 지능이 있음에도 불구하고 아래턱이 길어서 인간과 같은 분절적 발음이 불가능하다. 훗날 유인원의 발음기관이 진화 되는 날 영화 '혹성탈출' 에서 보았던 놀라운 장면이 현실이 될 가능성은 매우 높다.

어린 아이 정도의 지능을 가진 돌고래는 인간의 귀에는 들리지 않는 초음파 언어로 교신한다. 여러 마리의 돌고래가 바닷가 모래 위로 튀어 올라 물로 돌아가질 못하고 떼죽음을 당하는 사례가 종종 보도되곤 한다. 이는 지상의 기계장치로부터 발생된 모종의 초음파가 돌고래들을 부르는 언어가 되어 전속력으로 달려오다 변을 당한 것으로 짐작되고 있다. 어쩌면 그리운 엄마 돌고래의 오서 오라는 소리를 듣고 집나가 떠돌아다니던 돌고래들이 그리운 엄마의 목소리가 들리는 곳을 향해 돌진한 것인지도 모른다.

대부분의 동물들은 페로몬을 분비함으로써 서로에게 끌리는 신호를 주고받는다. 즉 화학적 언어를 사용하는 것이다. 그러나 인간만은 이 화학적 언어의 지각 기능이 오래전에 쇠퇴하였다고 한다. 그 대신 시각과 청각으로 같은 효과를 올리고 있는데, 마음을 담을 수 있는 언어를 사용하여 이성에게 사랑을 표현함으로써 이성의 마음이 움직여 맺어지게 된다. 세계 여러 나라에는 예로부터 전해오는 다양한 연가들이 있다. 베트남의 '쿠안호' 라는 연가는 세계문화유산으로 지정되었다. 일본에도 '우타가키' 라는 연가가 전해지고 있고 우리나라에도 신라시대에 선화공주를 유혹하였던 '서동요' 도 연가이었을 것이다.

모든 동물들이 언어를 사용하고 있음에도 불구하고 유독 인간만이 문명의 발달을 이루게 된 데는 동물의 언어와 인간의 언어 사이에 근본적인 차이가 있기 때문이다. 동물의 언어는 경계음과 같은 변형이 불가능한 소리로만 구성되지만 인간의 언어는 분절적인 발음이므로 다양한 소리의 조합이 가능하다. 불을 발견한 후로 인간은 익힌 음식을 먹게 되면서 턱이 퇴화하여 짧아짐에 따라 다양한 분절음을 발음할 수 있게 된다. 뇌의 용량이 늘고 후두가 인두의 아래쪽으로 내려오게 되면서 더욱 다양한 발음이 가능하게 되었다. 이미 40만 년 전부터 가능해진 이러한 발음 능력은 갈수록 다양한 개념의 단어를 생성하게 되고 복잡한 구조의 문장도 생성하게 된다. 언어 능력의 발달과 함께 인간은 보이지 않는 것을 표현하고 전달할 수 있게 되었고 상상이 가능하게 된다. 상상력은 더 많은 개념을 축적하게 되고 축적된 지식을 교육하여 전달하면서 문화는 계승되고 문명이 발달하게 된다.

어미와 자식간에 이루어지는 의사소통은 가족이라는 공동체를 유지할 수 있는 유대를 이루게 되고 가족을 기본 단위로 하여 지역사회 국가사회로 공동체는 확대된다. 공동체 생활에서는 언어를 통해 개인 간의 감정과 의사를 소통하게 되고 다양한 공동체 활동이 이루어진다. 공동체는 언어로 표현된 규율을 정하여 관리하고 유지하게 되어 관습과 법이 되고, 물물교환의 수단으로서 화폐라는 가치를 생성하여 활발한 경제 활동을 전개하게 된다.

언어의 발달로 추상적인 사고가 가능하게 되면서 다양한 가치와 새로운 개념이 축적되어 언어는 '시' 라는 예술 형태로 진화하고, 시는 노래가 되고 소설, 드라마, 영화, 뮤지컬 등 다양한 예술로 확대된다. 모든 존재의 의미를 철학적으로 설명하게 되고, 눈에 보이지 않는 신을 이야기하기에 이른다.

현재 인간이 누리고 있는 모든 문화적 특혜는 언어로부터 기인한다. 모든 동물들이 불이 무서워 피하는 것과는 달리 인간만은 불을 이용하게 되면서 진화와 더불어 숱한 기적을 이루고 명실 공히 만물의 영장으로서의 지위를 스스로 확보하게 된 것이다.

한편 인간의 모든 불행은 언어로 인해 발생한다. 언어를 사용하여 복잡한 의사소통이 가능하게 되면서 이해와 소통만이 아니고 오해와 논쟁이 발단이 되어 분쟁과 전쟁까지 초래하게 된다. 의도적인 거짓이 가능하게 되면서 남을 속이게 되고 시비가 벌어지고 대립과 충돌로 확대되어 인간관계에는 금이 간다. 말이 통하지 않으면 동질성을 잃고 고립되며, 대화 상대가 없으면 외롭고 괴로워한다. 미래의 안위를 걱정하게 되고 건강 걱정, 살림 걱정, 자식 걱정, 부모걱정, 나라걱정 등 모든 걱정이 언어로 이루어진다. 일상생활의 번민에서 인간 존재에 대한 근원적 물음에 이르기까지 인간의 모든 고뇌가 언어가 있음으로 해서 가능해진 것이다. 갖가지 욕망이 풀리지 않는 언어의 실타래가 되어 꼬이고 생각이 그 속에 갇힌다.

철학은 삶의 의문과 근원적 고뇌에 대한 해법을 언어로 설명하고자 한다. 그러나 언어는 인간과의 관계에서 생성되는 단편적인 내용을 담은 것일 뿐이고, 표현하기 위해서는 순서와 시간에 의존해야 하는 선조적인 한계를 갖고 있다. 언어의 이러한 제한적 한계 때문에 다양하고 다층적인 사람의 마음이나 포괄적인 인간 세상의 이치, 자연의 섭리를 설명하고자 하나, 설명할수록 빠뜨린 부분과 새로운 측면이 끈임 없이 나타나게 되어 각종 학설만 무성하게 된다. 언어로 접근한 철학이 언어의 벽에 부딪치게 되는 것이다. 일상생활을 영유하기 위한 도구로 사용하던 언어를 가지고 마음의 문제를 해결하고자 한 것 자체가 언어의 사용 목적에 맞지 않는 오류인 셈이다.

기독교는 말씀을 학습하고 기도문을 외우며 기도를 올림으로써 일상의 상념을 잊고 오로지 신과 대면하도록 유도한다. 불교는 좌선을 통해 무념무상의 상태에 몰입함으로써 상념을 잊게 한다. 이들 종교적 치유 방법에서 공통적으로 보이는 특성은 언어를 한 방향으로 고르고 정리하여 일상의 언어를 잊게 하고 있음을 알 수 있다. 대부분의 고뇌는 머릿속의 언어가 꼬여서 정리되지 않는 상태에서 느끼는 현상이다. 마음속에 번민이 가득할 때 그 번민을 글로 적어보거나 누군가에게 털어놓는 것만으로도 치유의 효과를 보게 되는 것은 꼬였던 언어가 풀려 정리되기 때문이다.

우리의 전통 문화 속에는 언어에 의해 입게 될 피해를 줄이기 위한 삶의 지혜가 보인다. "벽에도 귀가 있다", "낮말은 새가 듣고 밤말은 쥐가 듣는다" 하여 늘 말을 조심하도록 하는가 하면, "말이 아니면 타지를 말고 길이 아니면 가지를 말라" 하여 언어를 승마에 비유함으로써 언쟁에 휘말리는 것을 경계하기도 한다. "입살이 고살"이라든지 "말이 씨가 된다" 하여 말에 깃든 영 즉, 언령 사상에 입각하여 언어로 인해 초래될 재앙을 예고한다. 자기 PR의 시대인 현대에 있어서 마저 "웅변은 은이요 침묵은 금"이라 하여 말 수를 적게 하는 지혜를 가르치고 있다. 언어를 재앙의 씨앗으로 보는 경험적 지혜인 셈이다.

한국 불교계의 큰스님이신 성철스님께서 열반계에 남긴 "내말에 속지 말라, 나는 거짓말 하는 사람이여"라는 말은 유명하다. 깨우친 사람은 말이라는 도구 안에서만 생각하지 말라는 가르침일 것이다. '무소유'라는 수필집으로 알려진 법정스님께서 홀로 있음의 자유와 세상의 흐름을 거꾸로 바라보게 함으로써 얻게 되는 자유를 일깨워준 것도, 언어에 의해 생성되고 부풀려진 인간의 과욕으로부터 자유로워지는 지혜를 가르친 것은 아니었을까. 선종하신 천주교의 김수환 추기경께서 스스로를 '바보'라고 부르며 자신을 낮추었던 것도, 자신의 생각과 언어를 낮추고 줄여가는 비법은 아니었던지 감히 짐작해 본다. "사랑이 머리에서 가슴으로 내려오는 데 70년 걸렸다"는 추기경의 말도 머릿속에서 언어로 생각하던 사랑을 언어가 아닌 가슴으로 느끼는 데 그만큼 오래 걸렸다는 뜻이었을 것이다. 일본의 방황하던 젊은 승려 코이케 류노스케가 써서 베스트셀러가 된 '생각을 버려라'라는 책에서 자기로부터 자유로워지기 위해 생각하지 않는 명상 수행을 권하고 있는데 결국 언어를 버리라는 말과 통한다. 언어를 버리게 되면 생각을 할 수 없을 것이고 생각을 하지 않으면 모든 번뇌로부터 자유로워질 수 있기 때문이다. 각종 명상 교실에서 '내려놓으라' 는 말을 자주 듣게 되는 것도 잡다한 걱정과 생각을 내려놓으라는 말이라는 점에서 언어를 버리라는 말과 같다 하겠다. 인간 번뇌의 화근은 언어로부터 기인하므로 언어를 잊으라는 공통의 치유법을 제시하고 있는 것이다.

현재 자신을 괴롭히는 생각을 서툰 외국어만으로 생각해 본다면 그 생각은 유치한 표현으로 한정되게 되어 심각함을 표현할 엄두가 나질 않을 것이다. 더 나아가 배운 적이 없는 수화로 표현해야 된다면 아무 것도 표현할 길이 없을 것이다. 자기가 잘 아는 언어의 사용을 깨끗이 중지하고 대상을 가슴으로 느끼고 자연과 예술을 몸으로 느끼는 훈련을 쌓는다면 언어로부터 자유로운 인식활동이 가능해질 것이다.

도구를 잘 못 사용하면 도구가 고장 나거나 사용자가 다치게 된다. 언어라는 도구를 잘못 사용하여 고장 나게 되면 사용자는 말 수가 적어지거나 골치가 아프고 생각이 풀리질 않아 고민은 더욱 깊어진다. 사용자가 고장 나게 되면 정신병이나 우울증에 빠져 앓아 눕게 된다. 자동차의 성능이 발달하여 기능이 향상될수록 사고로 인한 피해는 그만큼 더 커지기 마련이다. 언어라는 도구의 경우에도 문명화 된 사회에서 교육 수준이 높아질수록 지적 수준이 향상됨에 따라 언어의 표현 능력은 향상되지만 욕망의 크기도 커지고 고뇌의 깊이도 더해져 인간이 감당하기 어려운 각종 현대적 병리로 나타난다.

일상에서 사용하는 도구는 늘 갈고 닦고 점검하여 성능을 유지하고 잘 보관하여 수명을 연장하듯, 우리의 생활 도구인 언어도 갈고 닦아 좋은 성능으로 사용법에 맞게 사용하되 무리하게 남용하지 않고 잘 관리하여야 사용자에게 도움을 줄 것이다. 언어라는 도구를 보다 유익하게 사용하기 위해서는 필요한 곳에서 필요한 만큼만 사용하여 언어의 피해를 줄이고, 때때로 보관함에 넣어 둠으로써 언어로부터 격리되는 시간을 늘리는 지혜가 필요하다. 언어의 힘을 빌지 않고 자연과 예술을 느껴보기도 하고, 상대의 마음을 느낌으로 받아들이고 자신의 마음을 상대에게 느낌으로 전하는 방법을 익혀 볼 일이다.

언어를 잊고 버리자는 이야기를 언어로 표현하고 있는 모순을 느낄 때쯤 언어를 내려놓는다.

〈묵 상〉

사람은 언어를 통해 세상을 본다
말씀은 세상의 모습으로 오지만 빛은 말씀의 저편에 있다
말씀을 따라 언어를 내려놓을 때 사람은 빛과 하나가 된다

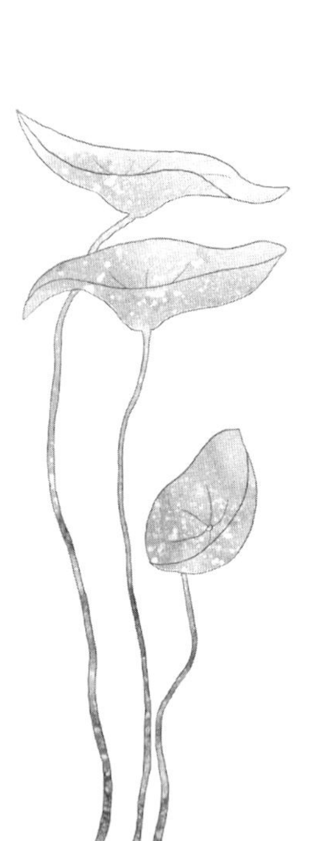
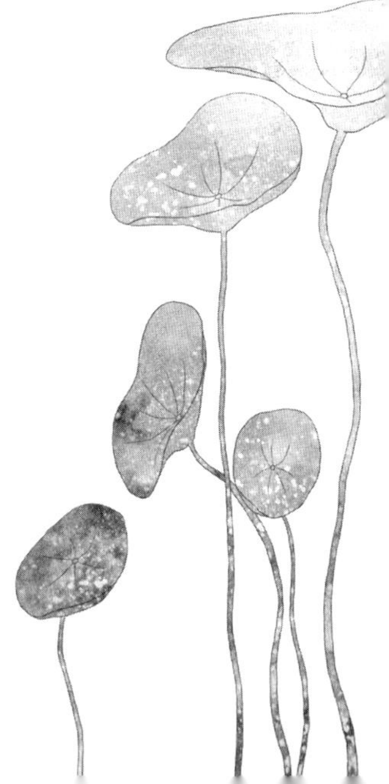

이정자

충청북도 충주 출생

〈국제문예〉 시부문 등단

현) 가정주부

홍도 예찬

우연히 어느 문예지를 읽는 도중에 시 한편을 읽게 되었다.

수평선 너머– 저 멀리
외롭게 떠있는 붉은 섬
억겁년이 흐른 세월 속에
신공[神工]들의 혼을 모두 담아서
쪼개고 깍고 다시 다듬어
형형색색의 기암 묘석으로
천태만상의 조각 공원을
황홀 비경으로 꾸며 놓았구나

출렁이는 쪽빛 파도 위에는
신기한 형상을 이룬 기암괴석들을
바다 물 속까지 담아 놓은 홍도요
아스라–히 깎아 세운 벼랑에는
신기(神技)부려서 아슬아슬하게

세워 놓은 상록수들은
한폭의 걸작 산수화가 되어
빼어난 신공들의 기교(技巧)에
아! 아!
탄성 소리가 절로 터져 나온다.

끝없는 비취빛 바다 위에는
바람 파도 암석들이 힘을 모아
빼어난 신기부려 만든 작품들
도승바위 병풍바위 남문바위…
보석처럼 흩어 뿌려 놓아
환상의 홍도 33경을 절경으로 이뤄 놓고
기기 묘묘한 신비로운 작품들마다
애틋한 전설을 담아 놓아
찾아드는 수많은 관광객들의
심금을 울리게 하는구나!

-〈환상의 절경 홍도 _ 이응민〉-

이 시(詩)를 읽으면서 머릿속 에 오래도록 숨어 있던 기억들이 스멀스멀 기어 나오는 것들을 주체할 수가 없어 글로 담아 보기로 했다.

이 시는 내 기억을 30년 전으로 돌려놓았다.

30년 전 우리나라는 가난을 벗어나려고 온 국민이 낮과 밤이 없이 일했다. 나 역시 산업 현장에 달려들어 온힘을 기울여 일하다 보니 한눈 팔 사이가 없었다.

그렇게 살던 어느 해 여름휴가 철이 되어 같은 업종에서 종사하는 몇 사람이 의기투합하여 큰 맘 먹고 홍도 여행을 했던 기억이 난다.

막상 여행을 떠나려니 어린 것들을 떼어 놓고 가는 게 여간 힘든 게 아니었다. 다행히 이웃에 여동생이 살고 있어 대충 보살핌을 부탁하고 두 밤만 자고 올 것을 아이들과 약속하고 집을 나섰지만 왜 그렇게 마음이 무겁든지…

아무튼 설레는 마음으로 약속 장소인 관광버스로 향해 가고 있는데 약속한 열 명의 친구가 다 모여 손짓하며 어서 오란다. 어린것들을 떼어놓기 힘들어 미적대다 내가 좀 늦게 도착한 모양이다. 우리 팀뿐만 아니라 여러 팀이 모여 한 차를 채우자 버스가 목포를 향해 달렸다. 버스가 떠나자마자 소주병을 따는 사람, 창 밖을 보는 사람, 눈을 감고 있는 사람, 수다를 떠는 사람 등 다양한 표정들로 분주하다. 모인 팀들이 거의 모두 남자들이고 부부동반 팀들인데 유독 우리팀만 여자들로 이루어져서 짓궂은 남정네들이

"바깥양반들은 어디 다들 버리고 혼자들 여행들을 가슈?"

하며 농을 걸어오기도 했다.

그 와중에 유독 내 옆에 앉은 젊은 한 쌍은 너무 조용하고 말이 없었다.

"어느 팀이세요?"

"둘이만 가는 거에요." 젊고 예쁜 여자가 대답했다.

"혹시 신혼여행 이신가요?"

"글쎄요."

여자가 수줍게 고개를 숙이며 웃음으로 답했다.

"미안해요 쓸데없이…"

"아, 아니에요…"

두 사람의 웃는 모습은 햇사과처럼 깨끗하고 싱그러웠다.

한참을 달려 목포에 도착한 우리 일행은 다시 홍도행 배에 올랐다.

우연이었겠지만 버스에서 내 옆자리에 앉았던 그 두 남녀는 배에서도 내 옆 자리에 앉게 되었다. 그런데 이상한 것은 남자는 석고상처럼 웃기만 하고, 모든 여행 절차는 여자 혼자 해결하러 다니는 것이었다. 그리고 일을 마친 여자가 손짓을 하면 남자가 따라가는 식이었다. 식당에서도 그들은 내 곁에 앉게 되었는데. 여자가 잠깐 자리를 비우자 괜한 호기심이 일었다.

"날씨가 너무 좋죠?"

남자는 환하게 웃으며 나를 본다.

"여행 행선지는 어디세요?"

그는 여전히 웃기만 하고 말이 없다.

나는 순간, '아, 이 사람이 농아였구나' 싶었다. 그리고 나 혼자 머리로 소설을 쓰기 시작했다. 저 농아를 선택한 그 여자의 일생을……

홍도에 도착한 우리는 유람선으로 갈아타고 본격적으로 홍도 절경을 감상하기 시작했다. 실로 아름다운 비경에 흥을 이기지 못한 몇 사람이 춤을 추자, 절로 노래판이 벌어졌고 마이크가 돌아갔다. 우리 차례가 되자 나는 마이크를 옆에 여자에게 넘겨주면서 얼떨결에 "저분 몫까지 다 부르세요" 했다.

그러자 남자가 마이크를 얼른 받아 쥐고 여자를 쳐다보았다.

여자가 고개를 끄떡이자,

당신과 나 사이에 저 바다가 없었다면
쓰라린 이별만은 없었을 것을~~~

남진의 "가슴 아프게"를 열창하는 게 아닌가!

앗! 저 사람, 내가 말을 걸었을 땐 왜 대답을 안 했지?

실없는 여자로 보여 대답할 가치가 없다고 판단되어 무시한 걸까?

머리가 갑자기 혼란스러웠다.

모두들 눈이 휘둥그레져서 손뼉을 치며 앵콜을 청했고, 그 청년은 앵콜곡으로 "꽃피는 동백섬"을 더 부르고 만족한 표정을 짓는 게 아닌가!

유람선은 환상의 절경을 보여 주며 파도를 가르고, 가이드는 바위들의 전설과 이름들을 열심히 설명했다. 나는 원예가들이 바위를 층층이 쌓아 놓고 조경을 장식해서 솜씨 자랑을 하는 것 같다고 생각하며 감상했는데 이응민 시인은 神工들의 기교로 표현했으니 한 차원 높은 시세계가 아닌가 싶다.

우리 모두는 황홀경에 빠져 입을 다물지 못하고 탄성을 연발하며 시간 가는 줄 모르고 있다.

선착장에 내리면서 여행지를 홍도로 정한 것을 잘했다고 생각을 하고 언덕으로 오르다가 뒤돌아서서 쪽빛 바다를 보고 있노라니. 앞서간 동료들이 손을 흔들며, "이 교장 제발 빨리 좀 오라구!" 하며 독촉을 했다.

나는 언제부터인가 '교장' 이란 별명을 얻었는데 이름 부르기가 무엇할 땐 친구들이 '이 교장' 으로 불러 주었던 것이다.

알았다며 걸음을 재촉하고 있는데 느닷없이 홍도로 여행 온 대학생들과 휴가 나온 군인들이 패싸움을 벌이고 있었다. 우리 일행 중 한 친구가 달려들어 말려 보았지만 혈기 방자한 젊은이들의 힘엔 역부족이었다. 군인들은 돌을 들고 던지려고 하고 학생들은 학생들대로 몽둥이로 맞섰다 무슨 용기였는지 어느새 그 친구는 싸움판 한가운데로 턱 뛰어 들어가 있었다.

"여보세요. 군인아저씨, 당신들은 나라를 지키는 군인들이에요. 돌로 민간인을 치면 안 되지요. 그리고 학생들은 그 몽둥이 내려 놔요. 당신들은 장차 이 나라를 이끌 사람들인데 몽둥이로 군인을 치면 어쩌란 거에요? 참아요 말로들 하라구."

"아주머닌 좀 비키세요. 왜 우리 일에 뛰어들어 난리세요? 비키라구요."

"학생들 나는 자식 키우는 엄마구, 그리고 교육시키는 부모에요. 자식들이 다치는 꼴을 그냥 보구 있을 순 없잖아?"

그 친구는 우리 일행에게 손짓을 하며 함께 말리자는 신호를 보내 왔다. 우리는 동료의식이 발동해서 우루루 몰려가 군인과 학생들을 번갈아 밀치며 싸움을 말렸다. 다행히 누가 신고를 했는지 경찰차가 달려와서 싸움은 일단락됐고, 학생들과 군인들은 경찰차에 태워졌다. 우리는 경찰에게 젊은이들의 실수니 선처해 주라는 부탁까지 하고 숙소로 향했다. 그때 관광객 중 한사람이

"교장 선생님이신가요?"

하고 물어왔다. 아니라고 하면 말이 길어질까봐

"네."

하고 대답을 하고 오면서 남의 직업에 왠 관심이 그렇게 많을까

하는 기분이 들었다. 숙소에 들어간 우리는 하루 동안 지낸 일과 싸움 말리던 무용담을 늘어놓으며 웃고 떠들며 저녁식사를 하려고 하는데. 주인아저씨가 문을 열고

"여기 이 교장님이란 분이 계시나요?" 하고 물었다.

"네. 저 친구에요."

한 친구가 손가락으로 나를 가리키며 얼른 대답하고 말았다.

"그런데 왜요?"

"파출소에서 전화가 왔어요. 교장선생님께서 저녁식사 마치시고 파출소에 좀 들려 달라고 하시네요."

"무슨 일인데요?"

"전 잘 모르겠습니다."

우리는 당황한 표정인데, 주인은 싱글싱글 웃는다.

"이 교장, 이 교장 하고 불러 대더니, 이거 뭐가 잘못되어 집에도 못 가는 것 아냐? 그 싸움판엔 공연히 끼어들어서 문제가 커지는 것 아닌가 모르겠다. 아무튼 나는 가짜 교장인데 가서 신상 파악을 당하게 되면 망신이니까 난 안 갈 테니, 누가 내대신 가서 교장은 배 멀미가 심해서 못 왔다고 적당히 말하고 오라구."

내가 꽁지를 빼자 처음부터 싸움을 말리던 친구가 총대를 메고 파출소로 갔다.

빨리 갔다 올께, 하고 나간 친구가 한 시간이 지나도 오질 않자 궁금해진 친구 두 명이 더 나가더니 이번에도 함흥차사다. 걱정이 되어 나중엔 나만 남고 모두 파출소로 갔는데, 이들도 자정이 넘도록 돌아오질 않는 게 아닌가. 결국은 내가 가야 하나 하고 생각 했지만 소심한 나는 끝내 용기를 못 내고 동료들을 기다리다 잠이 들었든 모양이다.

잠결에 낄낄 대는 소리가 들려 눈을 떠보니 새벽 2시다.

"어떻게 된 거야. 무슨 일 당했어?"

"무슨 일 당하긴."

"그런데 왜 이렇게 늦었어?"

"약 오르지? 이 교장."

"왜 내가 약이 올라?"

"우리는 파티에 초대받고 왔다구."

"파티?"

"파출소 소장과 홍도 관리소장님이 특별히 우리를 초대한 거래. 우리가 낮에 싸움을 안 말렸으면 큰일 날 뻔 했다는 거야. 누가 신고하면서 이 교장, 이 교장 하는 걸 보니 선생님들인 것 같다고 하더래. 그래서 우리를 찾았다는 거야. 그래서 자기도 가자고 데리러 왔더니 잠이 깊이 들었더라구, 할 수 없이 우리만 다시 가서 다과와 수박에 맥주까지 대접받고 홍도의 희귀식물을 관리하는 식물원 구경도 하고 이런 저런 전설과 여러 이야기를 듣고 놀다 왔다구."

"그래? 다행이군."

긴장이 풀리고 우리는 깊은 잠을 잤다.

다음날 홍도를 떠나려는데 태풍 경보가 내려지고 파도가 높이 일어 배가 뜨질 못해 우리는 별수 없이 홍도에 묶이게 되었다.

언덕 위로 올라가 파도를 보며 우리가 오던 날 다행히 날씨가 좋아서 절경을 보게 하신 하나님께 감사하며 섰는데, 그 젊은 한 쌍도 파도 구경을 나왔다

여자에게 다가가 어제 일을 얘기하니, 여자가

"이 사람 일본인이에요." 한다.

아, 그랬구나. 그래서 저 사람이 "가슴 아프게"를 불렀구나.

오해가 풀리고 나는 다시 머릿속으로 소설을 바꿔 쓰기 시작했다.

우리나라는 3면이 바다여서 섬이 무려 7000개 이상이 된다고 한다. 나는 꽤 여러 섬을 구경 했는데 빼어난 경관을 자랑 하려면 여러 곳이 있지만 특히 기억에 남는 섬은 홍도와 울릉도를 꼽고 싶다. 여자로 비유하면, 울릉도는 아름답고 편안한 맏며느리 같은 섬이고, 홍도는 미스코리아처럼 세련된 섬으로 느껴졌다. 이 아름다운 두 섬은 길이길이 한국의 자랑거리로 남을 것이다.

태풍이 지나가고 돌아올 땐 태풍 때문에 발이 묶여 있던 관광객들이 한꺼번에 배로 몰려 배표를 구하는 게 큰 걱정이 되었는데 다행히 홍도 관리소장님과 파출소 소장님이 배표를 마련해 주며 다음에 홍도엘 오면 꼭 들려 달라고 당부했다.

그때는 해마다 찾아 가겠노라 약속을 했건만, 이응민 시인의 시를 읽는 오늘까지도 못 갔으니 무려 30년이 지났다.

지금도 그분들이 거기 계셔서, 우리가 가면 반겨 주실지!

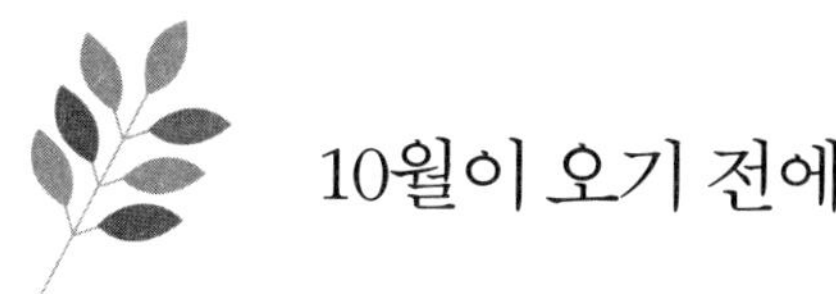

10월이 오기 전에

언제부턴가 나는 뒷산을 오르기를 좋아했다.

혼자 산에 오르노라면 바람소리, 물소리 그리고 멧새들의 지저귐 이 있어 혼자라도 적적하지 않다. 내 나름대로 흥얼거림을 화음에 보태며 걸으면 자연과 내가 하나가 되는 것처럼 느껴진다.바람은 청량음료처럼 시원하고 맑은 공기가 좋은 건 두말할 필요도 없다.

자지러들게 방정 떠는 까투리 소리도 정겹고, 한여름 매미 소리는 또 얼마나 시원한 멜로디로 들려오는가! 가끔은 불도를 닦는 도승들처럼 세파를 훌쩍 떠나 심산에 들어가 자연과 동화되어 살고 싶을 때도 있다.

고요와 수런거림이 공존하는 산은 어머니의 정을 느끼게 하는 듯한 아늑함도 있어 좋고, 어쩌다 산행인 을 만나 이런 저런 대화를 나누다보면 어느새 정상에 서기도 하고, 그 정상에서 세상을 내려다 보며 일상에서 탈출하는 쾌감을 느낄 수도 있다. 운이 좋으면 이름 모를 새도 만나는데, 그 새는 귀부인의 드레스처럼 우아한 날개짓 을 하며 황홀감을 선물하기도 한다. 산은 늘 좋고 고맙다.

내일은 또 어떤 모습으로 나에게 손짓할 지… 하는 마음으로 늘 하산을 한다. 가끔 소낙비라도 쏟아진 다음 날 산에 오르면 온갖 꽃들이 갓 태어난 아기 얼굴처럼 깨끗하게 목욕한 모습으로 환하게 웃으며 반겨준다. 그 충만감이란 느껴보지 않은 사람은 모르리라. 거기다 풀잎에 아직 마르지 않은 물방울들이 발끝에 채이는 그 신선감은 무엇에 비기랴.

어느 날 아침 산행을 하고 내려오는 데 산 중턱 쯤에 있는 건물에 〈작가와 책읽기〉란 팻말이 걸려 있는 것을 발견했다. 반가운 마음에 들어가 보니 도서실이었다.

이곳에 도서실이 있었구나! 하고 너무 반가워 나도 책읽기에 동참할 수 있느냐고 직원에게 물으니 누구나 된다고 해서 책 읽기를 함께 했다.

그때 만난 작가님이

"여러분도 이제 책만 읽지 마시고 쓰는 연습을 해 보세요. 본인의 글을 써서 본인이 봐도 좋지만 누군가와 공유하며 읽으면 보람도 되고 생의 활력소가 생깁니다." 하고 글쓰기를 권했다.

"글감이 떠오르지 않으면 제목을 드려볼까요? 지금이 여름이니까. '10월이 오기 전에' 란 제목으로 자신들을 자연에 비교해서 글을 써 보세요."

작가님의 그 말은 자신을 돌아보고 살아온 삶의 여정을 되새김질 해 보게 하는 뜻이 담겨 있었다. 처음 해보는 글쓰기라 좀 망설여졌지만, 숙제라는 핑계로 내 인생을 반추해 보니 뜨거운 열정으로 살아온 여름은 저만치 가고 어느새 가을에 와 있음을 깨닫게 되었다. 가을은 결실의 계절인데. 지금 내 가을은 무슨 색깔이며 무슨 열매를 거둘 게 있는지! 돌아보니 그 결실이 너무 적음은 물론 색깔 또한 아름답지 못해서 허전한 생각이 들었다. 만약에 다시 태어난다면, 어떤 색깔과 어떤 열매를 맺을 수 있을까? 하는 질문을 스스로에게 해봤지만 뾰족한 답이 나오질 않았다. 고심 끝에 그저 태어난 그 시대에서 최선을 다해 사는 것이 도리라고 정의를 내리니 마음이 한결 가벼워졌다.

자연은 봄에 새싹이 나고 무더운 여름엔 각자의 종족 보전을 위하여 꽃을 피우고 나비를 부르고 열매를 맺으며 서로 상생하면서 가을을 아름답게 수 놓지 않은가!

그러므로 그들은 그들의 할 일을 다한 것이고, 신의 섭리에 따라 겨울잠을 자며 봄을 기다린다. 우리 인생도 어머니로부터 태어나서 유아기, 소년기, 청년기, 장년기를 거쳐 노년기가 되면 후손에게 자리를 비켜주고 편안한 겨울잠을 자러 가는 게 순리가 아니겠는가?

그런데 우리 인간들은 욕심이 너무 많아 쓸데없는 아귀다툼을 하며 싸우다가 시간을 다 낭비하고 서로 상처를 안고 마음 아파하는 일이 얼마나 많은가!

특히 여자들은 자기 生을 소설로 쓴다면 책 10권을 써도 사연이 남을 거라고 말하는 사람이 많다. 그래서 그 소설이 도대체 어떤 내용이 될까 하고 넌지시 물어보면 거의가 한 맺힌 사연이다.

한(恨)으로 책 10권을 채우고도 남는다면 그 생을 도대체 어떻게 정의를 내려야 할지.

물론 한 시대의 군주가 나라를 잘못 다스리면 백성들의 한이 생기기 마련이고, 외국의 침략을 당했을 때 국민들의 한이 생기지만. 그 범주를 벗어난 한은 반은 스스로 만드는 게 아닌가 하는 생각을 본다.

특히 한국 여인들의 한은 거의 姑婦간으로부터 발생한다고 봐도 무리가 아니다. 그리고 한을 대물림으로 내려 보낸다. 참 안타까운 일이다.

여자들은 딸로 태어나서 누구의 아내가 되고 어머니가 되고 할머니가 된 후에 生을 마감한다. 그럼 그 생을 되짚어 물어 본다면?

딸이었을 땐 부모님의 지극한 사랑을 받았고, 아내였을 땐 남편의 사랑을 받으며 자식을 낳고, 엄마가 되었을 땐 사랑스런 자식이 있어 세상을 다 얻은 것 같았고, 할머니가 된 뒤엔 눈에 넣어도 안 아픈 손주가 있어 행복하지 않았는가? 만약에 그 기쁨과 희열을 책으로 쓴다면 10권을 채우고도 남지 않을까? 우리 어머니들이 자식 자랑을 시작하면 끝이 없어 밤을 새우고도 모자랄 지경일 텐데 말이다, 인간은 막다른 곳에 이르면 神을 찾는다고 한다. 그러나 신도 스스로 돕는 자를 돕는다 하지 않는가?

어느 시인은 이런 시를 썼다.

어머니 심부름으로 세상에 왔다가
심부름 마치고 돌아갑니다.

짧은 시(詩)지만 세상사가 모두 함축되어 있는 시라고 볼 수 있다.

어머님 심부름이란 무엇인가? 세상의 어머니들은 자식들이 잘 되길 바라는 게 인지상정이다. 그럼 우리 어머니도 우리에게 세상을 잘 살고 오라는 심부름을 시켰을 것 아닌가? 어느 어머니가 恨을 안고 오라는 심부름을 시켰겠는가? 절대 아닐 것이다. 한은 쭉

정이다. 결실 없는 쭉정이를 한 아름 안고 어머니께로 간다면 어머니가 얼마나 서운해 하시겠는가.

심청이는 어떤가? 심부름을 잘못 온 것 같지만 恨을 역전시켜 얼마나 멋지게 어머니 심부름을 잘 하고 갔는가 말이다.

神도 참견하기 싫어하는 恨은 만들지 말고 순리에 순응하며 삶을 가꾼다면 어머니 심부름 왔다간 흔적이 아름답지 않을까.

이제 10월이 오기 전에 나도 털어낼 것은 털어내고 갈무리할 것은 갈무리하고 안식할 준비를 마치고

"어머님, 심부름 끝냈습니다" 하고 어머니께로 가야 할 텐데 가져갈 결실이 너무 적어 마음이 서성이며 두리번 거려진다.

10월은 벌써 내 곁에 오고 있는데……

내가 거둔 결실이 너무 적어서 자식들에게 심부름으로 내가 거두지 못한 결실까지 너희가 챙겨 가지고 오라고 당부를 하고 싶다. 그리고 설악 단풍처럼 아름답게 세상을 장식하고 오면 더욱 고마울 테고.

충혼탑

매운 고추로 유명한 청양은 칼바위 산으로 알려진 우성산을 중심에 두고 시내가 형성된 아담하고 아늑한 도시다.

오순도순 이웃이 따듯하고 정겨운 시골의 풍경을 그대로 간직하고 있으며, 아름다운 칠갑산은 청양을 대표하는 산으로 많은 전설과 이야기를 만들어 내는 곳이기도 하다. 그리고 청양 구기자는 고추와 더불어 청양을 알리는 작물이기도 하다.

나는 건강이 좋지 않아서 청춘시절을 청양에서 보냈다. 거의 매일 칼바위 산으로 올라가 산 아래를 응시하며 젊은 날의 꿈을 그렸다 지웠다 했던 기억이 난다. 산 아래는 저토록 평화스러운데, 나는 왜 방황의 늪을 헤매며 세상 짐을 혼자 다 진 것처럼 마음이 무거웠던지… 끝을 잴 수 없는 방황은 밤에도 나를 잠재우질 않았다

지금은 통행금지가 없지만 그때는 통행금지가 있었다. 자정이 되면 통행금지 싸이렌이 울리고 인적이 끊겼다. 그러면 나는 야행성 고양이가 되어 개천으로 나가 콸~콸 흐르는 물소리에 귀를 열어놓고. '물아, 네가 가는 곳으로 나도 가면 안 될까?" 하고 중얼거리면 물결은 왜 그렇게 손을 홰홰 내 저으며 달려가 버리든지…

달 밝은 밤, 코스모스가 끝없이 피어난 신작로를 발자국 소리를 죽여 걸으며 얼마나 많은 꿈을 주어 담았다 버렸던가!

세상이 모두 단잠을 잘 때 나는 그리도 아픈 청춘을 보내고 있었다. 기차가 기적을 울리면, 저 차를 타고 어딘가로 멀리 가기만 해도 거기서 누군가가 기다려 줄 것만 같은 아련한 그리움… 훌쩍 미지로 사라져 버리고 싶던 때가 얼마나 많았던가. 그곳엔 가난도 미움도 없고 전쟁도 따라오지 못하는 아주 먼 곳이리…

36년 동안 일제의 압박에서 겨우 벗어나 힘을 추스르기도 전에 우악스런 6.25 전쟁이 달려와 무차별로 국민에게 상처를 입혀 해체 되는 가정이 얼마나 많았던가, 결국은 고아수출국이 되어 가슴 아픈 이별로 눈물바다를 이루고 부모 자식간의 끈도 놓게 한 그 아픔은 하늘이 너무 무심했다고나 해야할 지…

4.19와 5.16의 파도가 쓰나미 처럼 번갈아 요동을 쳐서 온나라가 혼란스럽고, 가난의 자루를 메기도 힘겨워 주저앉고 싶었던 때가 얼마나 많았던가?

그 후 상실의 시대가 서서히 긴 꼬리를 끌며 사라지고, 옥수수가루 죽으로 연명하며. 폐허를 개척해야 했던 힘겨운 삶이 드디어 산업혁명을 부르고 온 국민이 바빠지기 시작했고 나 또한 방황이란 늪에서 벗어나와 평택이란 곳에 있게 되었다.

평택은 넓은 평야를 이루고 배밭이 많아 봄엔 배꽃 향기로 가득하고 가을엔 황금 들판을 이루는 아름답고 넉넉한 고장이다. 그리고 기적 소리와 연기를 뿜으며 들판을 가로 질러 달리는 기차는 여러 사연들을 실어 날랐다. 그곳엔 작은 동산이 하나 있고 동산 위엔 시내 어디서나 볼 수 있는 하얀 충혼탑이 서 있었다. 그 충혼탑엔

나라를 위해 싸우다 전사한 장병들의 이름이 빼곡히 적혀 있었다. 나는 일을 마치고 해질 무렵엔 그곳엘 가길 좋아했다. 그곳에 가서 조국을 위해 산화한 영령들의 이름을 바라보며, 한 사람 한 사람의 이름을 입속으로 외우며 그의 생전의 이런저런 사연들과 사후 그 가족들의 사연들을 상상하며 아릿한 아픔으로 돌아오는 버릇이 생겼다. 아마 객지에서의 외로움을 그렇게 그 영혼들을 추모하며 풀었는지도 모른다. 평택엔 공군 비행장도 가까이 있어 주말이면 멋진 공군들이 휴가를 나와 싱싱한 젊음을 발산하며 거리를 채울 때가 많았고, 교육 도시라 중고등 학생들도 참 많았다.

코스모스가 가득한 신작로엔 등교하는 학생들의 웃음소리가 가득 채워져서 늘 싱그러웠다.

벼가 노랗게 들판을 물들이던 가을 날, 그날도 나는 어김없이 충혼탑을 찾았다.

그날은 들국화가 흐드러지게 피어서 충혼탑 속의 젊은 영혼들이 모두 나와 웃고 있는 게 아닌가, 하는 생각이 들었다. 나는 가을 들국화를 유달리 좋아해서 들국화를 보자 고향 뒷산이나 강언덕에 지천으로 피어있던 꽃밭을 거닐던 옛 생각에 빠져들었다. 꽃밭을 거닐던 추억은 고향에 두고 온 부모님과 동생들 생각으로 이어졌고 그러다보니 어느새 돌아갈 시간이 지나버렸다.

스산한 기분으로 땅거미가 지고 어둑한 논둑길을 걸어오는 데 두 블럭 건너 논둑길에서 공군복의 실루엣이 천천히 움직이며, "돌아오라 쏘렌토로"를 노래하는 게 아닌가.

영혼을 흔드는 듯한 깊은 저음은 내 발길을 그곳에 멈추게 했다.

어둠은 점점 짙어오고 그 실루엣이 사라진 후에도 나는 그곳에서 오래도록 서 있었다.

향수에 젖어 노래로 마음을 달래는 청년의 마음을 헤아리다 문득 정신을 차리니 너무 어두웠다. 서둘러 돌아와 방 창문을 여니 하늘에서 별이 쏟아질듯 가득했다.

충혼탑 속에 영혼들이 모두 별이 되어 지상을 내려다보며 저렇게 반짝이는 것은 아닐까 하는 생각이 들었고, 앞으론 절대로 충혼탑에 누군가의 이름이 새겨지는 일이 없는 나라가 되기를 기원했다.

그 후로도 나는 일상처럼 충혼탑을 찾았고 그 저음의 공군은 때론 "아-목동"을 부르기도 하고 때론 "즐거운 나의 집"을 멀리서 들려주었다.

이제는 옛 생각이지만 방황과 번민과 꿈으로 혼란스럽던 젊은 날의 초상들이 아련한 그리움이 되어 가슴을 적실 때가 많다.

그 때 이후 우리나라는 수탈당하는 나라가 아닌 경제대국으로 발전하였고 옥수수 가루를 얻어먹던 처지에서 남는 쌀로 가난한 나라를 돕는 처지가 되었다. 충혼탑에 잠들어 있는 영령들에게, 당신들의 희생이 헛되지 않았음을 마음 깊이 감사드리고 후손들이 조국을 잘 지킬 것을 믿고 고이 잠드시길 기원해 본다.

야뇨증(夜尿症)

"어이구, 우리 아기가 오늘도 고단했구나!"

아버지는 늘 그렇게 나를 안아 일으키셔서, 흥건히 젖은 옷을 벗기고 물을 데운 목간통 위에 널빤지를 띄우시고 나를 그 위에 올려놓고 목욕을 시켜 주셨다.

그날도 아버지는 나를 그렇게 씻기신 후에 수건으로 꼭 싸안고 마당으로 나가시더니 의자에 앉히셨다. 그리곤 화단에 나팔꽃에 줄을 매서 올라갈 수 있도록 감아주신 후에 다시 나를 안고 노래를 부르셨다.

"넨 넨 고로리요 오꼬로리요~"

나는 잠이 들었고 잠에서 깼을 땐 아버지가 안 계셨다.

아버지가 남양 군도로 징용을 가신 것이다. 그때 나는 4살이었다. 아버지가 전매청에 계셔서 우리 가족은 사택에서 살았는데, 아버지가 징용을 떠나신 후 사택을 내어주고 친척집 사랑방으로 이사를 해서 살아야 했다. 5남매를 홀로 키워야하는 어머니의 고생이 시작된 것이다. 옛날 양반들은 왜 그렇게 아들을 일찍 장가를 들였는지, 우리 아버지께선 13살에 결혼하셔서 아버지 20세에 내가 다

섯째로 태어났다. 못생긴데다 오줌싸개 딸이었지만 아버지는 한 번도 화를 내신 적이 없으시고, 내가 오줌을 싸면 행여 어머니가 화를 내실까봐 항상 나를 챙기시고 어루만져 주셨다.

아버지가 징용을 가신 후, 이제 아버지도 안 계시니 오줌을 싸면 어머니가 힘들어 하시겠다 싶어 절대 오줌을 싸지 말아야지 하는 마음을 먹었다. 그러나 꿈속에서 요강에 시원하게 오줌을 누다 깨면, 어김없이 요가 흥건하게 젖어 있고 함께 자는 언니 옷까지 적셔놓는 낭패를 수없이 반복하곤 했다.

어느 날 잠결에 빗소리가 들리고 어머니가 불 때시는 소리와 밥 끓는 냄새가 진동해 나가보니, 어머니가 아주 환한 얼굴로 웃으시며 당신 곁으로 오라고 손짓하셨다.

얼른 아궁이 앞에 가서 불타는 아궁이를 보고 있는데 어머니가 말을 이으셨다.

"아이고 소금이 필요한데 소금이 없네. 아가, 네가 저 안 부엌 할머니한테 가서, 할머니 소금 조금만 주세요, 하고 소금 좀 꾸어 올래? 우리 아기 착하지?"

그 말을 안채 할머니가 들으셨는지 환하게 웃으시며 "소금 줄게. 빨리 와 하시며 손짓을 하셨다.

반가워 얼른 가려는데, 어머니가 비가 오니 이걸 쓰고 가라며 벽에 걸려 있는 큰 키를 머리에 씌워 주셨다. 키를 쓰고 마당을 건너가는데 키 위에 떨어지는 빗소리가 너무 기분 좋아, 노래까지 흥얼거리며 안채 부엌까지 갔더니 할머니가 소금 종지를 주시며, 비오니 조심해 가져가라고 당부를 하셨다. 네, 하고 돌아서서 오는데 키를 쓴 머리 위로 난데없는 벼락이 탕탕 떨어졌다.

"또 오줌 쌀래? 또 오줌 싸? 다시는 소금 꾸러 오지 마."

안채 할머니가 부지깽이로 키를 탕탕 치시며 큰 소리를 지르신 것이다. 어린 마음에 놀라고 억울해서 비가 쏟아지는 마당에 주저앉아 엉엉 울음을 터트렸다. 그런데도 어머니는 모르는 체 하시고, 자다 달려나온 오빠가 나를 안고 가면서 뭐가 그리 재밌는지 싱글벙글 웃는게 아닌가… 나는 그래서 더 억울했고 내편이 없어서 더 슬펐다. 정말 이해할 수 없는 식구들이었다.

그렇게 울다 나는 잠이 들어 버렸고, 저녁 무렵 안채 할머니가 환하게 웃는 얼굴로 찾아 오셔서 앞치마 밑에서 하얀 알사탕을 한웅큼 꺼내 주시며.

"이제 다시는 오줌 싸지 마라. 알았지?" 하고 가셨다.

그러나 그 처방도 효험을 보지 못하고 이불 적시는 날이 너무 많았다. 그렇게 살다 해방이 되고 징용 가셨던 아버지가 돌아오시자 장남인 아버지를 따라 우리 가족은 할아버지댁으로 가게 되었다. 할아버지댁은 그 마을에서 제일 큰집이었다.

그리고 삼촌네 식구와 고모들과 일꾼들까지 합치니 무려 20여명의 대가족이 되었다, 그 대가족의 생활은 항상 잔칫 집 같았다

할아버지께서는 농부시지만 근면성실 하셔서 그 큰식구가 먹고 살 만큼 충주 모시래 뜰에 넓은 전답을 마련하셨고 그곳에서 열심히 농사를 지으셨다. 나는 학교에서 돌아올 때 할아버지께서 흰옷을 입으시고 논에서 피를 뽑으시는 모습을 보면서 영락없이 학 같으시다는 생각을 할 때가 참 많았다. 충청도 양반가인 우리집은 어쩌다 할아버지께서 외출하셨다 오시면 온가족이 모두 사랑방으로 들어가 큰절을 올리며 예를 갖추었는데, 맏며느리인 어머니가 제일 앞자리를 차지하시고 서열대로 자리를 잡다보면 나는 제일 뒤꽁무니에서 절을 올리기 마련이었다. 더러 고모 궁둥이나 숙모 궁둥

이에 머리가 부딪혀 민망할 때도 많았고, 이 꽁무니에 있으니 할아버지 눈에 띄기나 할런지 하는 걱정에 늘 초조했다.

그러던 어느 날 마당에서 줄넘기를 하고 있는데 할아버지께서 의관을 정돈하시고 들어오시는 모습이 보였다. 오늘은 제일 앞자리에서 절을 올려 보고 싶어 냉큼 할아버지 뒤를 따라 들어가 큰절을 올리고 딴 식구가 들어오길 기다리는데, 아무도 들어오질 않는게 아닌가. 밖으로 나오니 고모가 왜 할아버지 방에 들어갔다 나오느냐고 물었다. “절 올렸어요” 했더니, 부엌에 있던 어머니와 숙모가 알 수 없다는 듯이 웃고 쳐다 보셨다. 알고 보니 할아버지는 이웃에 초상이 나서 잠깐 문상을 다녀오신 거란다.

그 다음날 아침 할아버지 진짓상에 올려 드린 알투가리를 내게 주시며 인자한 눈빛으로 보시며 먹으라고 고갯짓을 하셨다. 지금은 계란이 흔하고 싸지만 내 어린 시절엔 계란찜은 어른들 상이나 손님상에 올려드리고 할머니가 공부하는 손주들에게나 특별식으로 주던 귀한 음식이었다. 그 알찜이 왜 그렇게 맛있던지, 그 맛을 지금도 잊을 수가 없다.

하루는 어머니가 아침에 밖에 나갔다 오후에야 들어오시면서.

“개똥도 약에 쓰려면 없다드니 종일 잡은 게 이것 뿐이네.”

어머니가 무릎을 주무르며 마루 한쪽에 내려 놓은 건 호박잎이었다. 부엌에 있던 숙모가 “그게 뭔데요?” 하고 나오더니, 호박잎을 들어보다가 기겁을 하고 던져버리셨다.

“형님, 거머리를 왜 잡아 오셨어요?”

“야뇨증(夜尿症)에 그게 좋다고 누가 알려 줘서 잡으러 나갔는데 그 많던 거머리들이 왜 그렇게 눈에 안 보이는지 겨우 아홉 마리 밖에 못 잡았네. 내일 다시 나가서 더 잡아다 삶아 먹여야 되겠어.”

"누구를 먹이시려 구요?"

"아, 오줌싸개가 정자밖에 더 있어?"

그 애기를 듣는 순간, 나는 징그러운 느낌에 몸이 오그라드는 것 같았다. 저녁 내내 잠을 이루지 못하고 있다가 식구들이 모두 잠든 틈을 노려. 거머리를 마루에 있는 화롯불에 털어 묻어 버렸다. 그리고 거머리들이 내 몸에 까맣게 달라붙어 떨어지질 않는 꿈을 꾸다 소리를 지르며 잠을 깼다, 미나리 깡에 일렁이며 떠다니는 거머리가 얼마나 징그러운가. 살에 한번 붙으면 동그랗게 피를 빨아먹고 떨어지는 흡혈귀를 내가 먹다니, 나는 절대 안 먹기로 했다.

아침에 어머니가 호박잎을 들어 보시더니 "아니, 이놈들이 다 도망가 버렸네" 하시고, 그날 거머리 잡으러 가시는 것을 포기하셨다.

나는 살 것 같았고, 앞으론 절대 오줌을 싸지 않으리라고 결심했다. 그러나 그 날 밤도 나는 요를 적셔 버렸다. 내가 생각해도 어처구니가 없는 일이지만 내 힘으로 해결하지 못했다.

그러다 달이 휘영청 밝은 추석이 되었다, 학교에서 돌아오니 어머니들은 송편을 빚느라 바쁘시고 일꾼은 솔을 베어왔다.

나는 솔잎을 따며 오늘 밤엔 정말 오줌을 싸지 말아야지 다짐했다. 그리고 늦도록 동생들과 놀아주다가 오줌이 마려워서 마루로 나가니 마침 사기요강이 나를 기다리는 게 아닌가. 달은 밝지만 꺼면 뒷간에서 허깨비가 확 달려 오는 것처럼 무서워서 빨리 요강에 시원하게 오줌을 눈 후 잘 자고 눈을 떠 보니 아침이다. 요를 만져보니 보송보송 하다.

밖에선 어머니와 숙모가 차례 준비에 바쁘신 것 같아 무얼 좀 도와드릴까하고 나가보니 숙모가 심각한 표정으로 요강을 들여다 보고 계셨다.

"형님, 이게 왜 넘치지요? 이게 가득하질 않았는데요."

"작은 엄마, 그거 요강 아니에요? 내가 밤에 오줌을 눴어요."

그 말을 들은 어머니는 망연자실, 얼굴이 사색이 되셨다.

"저 저 저, 저년을 왜 호랑이가 안 물어가나? 오늘 제사에 쓸 나박김치 항아리에 오줌을 누면 어떡하라는 거야, 이년아? 저년을 때려 죽여야 하나? 어째야 옳은 거야? 싸다 싸다 이젠 김치 항아리에까지 싸냐, 이년아?"

어머니의 그 낭패스러워 하시는 얼굴을 차마 볼 수가 없어 나는 죽고 싶었다. 나박김치를 담은 백 항아리를 사기요강으로 착각 하고 실수를 했던 것이다, 나는 골방으로 스스로 귀양을 가서 하루 종일 울며 지내다, 결국 구원 투수이신 아버지 손에 이끌려 나왔지만 그날은 가족으로부터 이방인이 되어서 설 자리가 없었다.

어쨌든 그 후론 야뇨증(夜尿症)이 사라지고 지금까지 멀쩡하게 살고 있으니 다행이라 해야 할 지……

지금 내 아이들이 자랄 땐 일년에 한 번 정도만 오줌을 싸도 난감했는데, 내 어머니의 마음 고생이며 몸 고생은 어떠하셨을까.

지금처럼 세탁기도 없던 시절에… 죄송하고 또 죄송할 뿐이다.

아름답고 힘찬 낙조의 노래

언젠가 TV를 켜는 순간, 몇 명의 할머니들이 보이고 남자 사회자가 진행하는 프로를 보게 되었다.

진행자가 할머니들에게 물었다.

"우리나라 산은 어디 어디를 오르셨나요?"

"유명한 산은 다 올라갔다 왔습니다."

"그럼 요즘은 어떤 산을 다녀오셨나요?"

"네. 일본의 후지산을 다녀왔어요."

"후지산을요? 몇 분이 다녀오셨습니까?"

"우리 회원이 모두 함께 다녀왔습니다."

"모두요? 연세들이 많아 보이시는데 어떻게 그 먼 산을 다녀오셨나요?"

"네, 우리 회원들의 나이는 65세에서 70세이고. 모두 20명이에요."

"그 연세에 어떻게 그런 용기들을 내셨어요? 집에서 자녀들의 보호를 받으셔야 할 연세들인데!"

“옛날 같으면 그렇죠. 우리는 이제부터 시작이라고 생각합니다. 아이들 다 키워 결혼 시키고 이제 가정에서 할 일이 없어지니 우리가 할 일을 찾고 건강을 지켜야 할 것 같아서 시작한 일이 이젠 일상이 되고 즐겁습니다.”

“앞으론 어떤 계획이라도 있으신가요?”

“네, 2개월 뒤에 킬리만자로를 오를 준비를 하고 있습니다. 그리고 그 다음엔 카트만두를 갈 예정이에요.”

“우리나라에 멋진 설악산도 있는데 왜 그렇게 멀고 높은 산을 선택 하셨나요?”

“설악산은 뒷동산이지요. 하하하~”

“혹시 경제적인 부담은 느끼시지 않으시는지요?”

“네. 우리 모두 젊어서 열심히 살아서 우리 힘으로 해결할 수 있을 만큼 준비 해놨어요 자식들에게 의존할 정도는 아닙니다.”

“정말 대단들 하십니다. 건투를 빕니다. 안녕히들 다녀오시고 오래 오래 건강들 하십시오.”

나는 그 프로를 보면서 고령들인데도 세계를 훨~훨 나는 듯한 그들의 자신에 찬 얼굴이 존경스럽고 부러웠다. 그리고 그분들이 킬리만자로에 올라가 동물들의 낙원인 케냐의 넓은 국립공원을 내려다보며 환호하는 모습을 상상하며 내 어릴 적 고향의 할머니들이 생각났다. 태어난 곳에서 50리 밖을 못나가 보시고 부엌과 논밭으로만 왔다 갔다 하시며, 길쌈을 해서 가족의 의복을 장만하시다, 환갑이 되면 번데기가 다되어 곰방대를 입에 물고 손주들을 보살피

시다 한 잎의 가랑잎처럼 힘없이 세상을 뜨시던 어른들을 떠올리며 격세지감을 떨치지 않을 수가 없었다.

여자들이 문 밖 출입을 자유로이 하지 못하던 예전에 비하면 시대가 많이 변하고, 여권이 신장되어 이젠 여자가 못할 일이 없는 시대가 되었다. 70대 할머니들의 그 멋진 비상의 몸짓은 나라의 국력이기도 하다는 생각이 들어 마음속으로 박수를 보냈다.

그 후 내 나이 67세가 되던 해에 꿈에도 그리던 그랜드 캐니언을 갈 기회가 생겼다. 일정에 따라 미국의 여러 도시를 구경하고 드디어 그랜드 캐니언으로 향하던 날 가이드가 말해 주었다. 이동방법에는 버스와 경비행기가 있는데, 버스로 가면 사막을 몇 시간 달려야 하고 경비행기를 이용하면 3시간 이상 단축시킬 수 있으며 더 넓고 더 많이 그랜드 캐니언을 볼 수 있으니 선택을 하라고 했다. 단, 경비행기는 버스보다 이용료가 더 비싼 것을 감안해야 했다.

나는 망설이지 않고 경비행기를 택했다. 이제 보면 또 보러 올 수 없을 것 같았기 때문이었다. 얼마나 가보고 싶었던 곳이었던가! 더 많이 더 자세히 보고 가야지, 하는 마음에서도 그랬다.

경비행기에 오르는 순간부터 그리운 님을 보러 가는 것처럼 가슴이 흥분되었다. 그랜드 캐니언의 상공에 올라 내려다 본 장면은 내 상상을 완전히 압도했다.

층층이 쌓인 붉은 암벽이며 울창한 숲, 번쩍이는 비늘을 단 보아뱀이 꼬리에 꼬리를 물고 꿈틀대는 듯한 콜로라도 강이 그랜드 캐니언을 호위하며 흘러가는 장면은 그야말로 멋진 장관이었다.

경비행기에서 내려 전망대에서 사방의 광경에 역시 감탄사를 아끼지 못하고 있는데, 한 켠에서 한 동양 여인이 챙이 넓은 모자를 쓰고 화판에 스케치 하는 모습이 보였다.

"뎃상 하세요?"

그녀는 화들짝 고개를 들어 나를 바라보았다

"하이."

"아! 일본인이시군요. 죄송합니다."

그를 쳐다보는 순간 나는 또 한 번 놀랐다.

뒷모습은 젊은 여성으로 보였는데 돌아 본 그의 얼굴은 80에 가까운 할머니가 아닌가! 그는 웅장하고 섬세하고 광활한 그랜드 캐니언을 거침없이 화폭에 그려 나갔다.

나는 그녀 곁에 다시 다가서며 손가락으로 그림 제일 위쪽을 가리키며 말했다.

"할머니, 이곳은 원래 인디언의 땅이었잖아요. 그림 제일 위에 머리에 깃털을 꽂은 인디언의 늠름한 모습을 그려서 그랜드 캐니언을 꽉 딛고 서있게 해 주세요. 그리고 그림 밑엔 '이곳은 인디언의 땅' 이라고 써 주세요. 부탁드립니다."

물론 우리말을 알아듣진 못하지만 그녀는 인디언이라는 단어와 내 손가락의 위치를 보며 내 말뜻을 알아들은 듯 고개를 끄떡이고 손을 흔들며 안녕을 고해 주었다. 아! 멋진 할머니. 할머니를 뒤로 하고 전망대를 내려와 셔틀 버스를 탔다. 기사님이 할아버지였다. 그 미국인 할아버지는 온화한 얼굴에 진지한 표정으로 그랜드 캐니언의 이곳저곳을 정성스럽게 설명하시며 운전을 하셨다. 영어로 말씀하셔서 우리가 다 알아 들을 수는 없었지만 가이드의 통역이 있어 충분했다.

“옛날엔 이곳이 인디언의 땅이었지요. 마지막 인디언 추장이 이곳을 백인들에게 빼앗기고 그의 조상들께 죄송해서 통곡을 했답니다.”

그 이야기를 듣는 순간 위에서 그림을 그리던 할머니의 영상이 머리에 겹쳐 지나갔다

우리도 일본에게 나라를 빼앗겼던 상처가 있기 때문일까?

나는 할아버지의 이야기를 들으며 사방을 들러 보는데 숲에선 인디언의 영혼들이 웅성이는 것 같고 벼랑과 바위틈에서도 불쑥불쑥 머리에 깃털을 꽂은 인디언이 나타날 것 같은 환상이 느껴져서 마음이 아렸다.

“기사님, 일 하시기 힘들지 않으세요? 연세는?”

우리가 묻자, 그는 몸을 흔들어 환하게 웃으며

“아주 행복합니다. 77세랍니다.”

활기차게 노익장을 과시하시는 모습이 참 아름다웠다. 황혼 길을 밝고 힘차고 아름답게 장식하는 그분들의 모습을 보며 나의 황혼 길도 저렇게 아름다운 색깔로 장식할 수 있을까 하는 설렘과 두려움이 교차했다.

울창한 숲에선 온갖 새들이 노래를 하고 낙조는 그랜드 캐니언을 더욱 붉고 아름답게 물들였다. 그리고 나도 내 인생의 이모작을

꿈꾸며 돌아왔다.

우리나라의 정신과 의사이신 이근후 박사님께서는 80에 가까운 고령이신데도 여러 방면으로 봉사 활동을 하시고 멀리 티벳까지 가셔서 의료봉사 활동을 펼치고 계신다. 뿐만 아니라 티벳의 고산을 등반하며 활기차게 사시는 것은 물론 그 열정을 담아 〈나는 죽을 때까지 즐겁게 살고 싶다〉 라는 책까지 내지 않으셨는가.

나도 지금부터 시작이란 마음으로, 어린시절부터 쓰고 싶었던 글을 통해 독자들과 한판 씨름을 해보리라고 꿈을 꿔본다. 신의 도움을 기원하면서…….

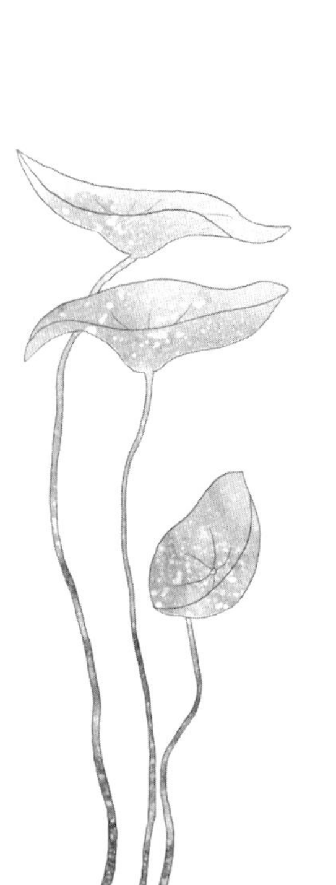
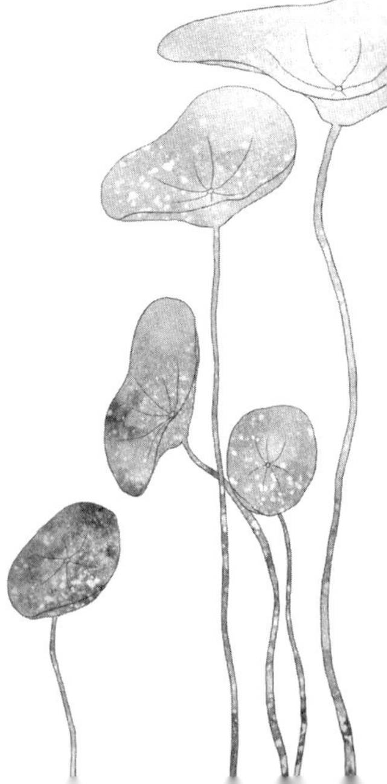

황희순

서울 출생, 시인, 수필가
명지전문대 사회복지과 졸업
〈국제문예〉 수필부문 신인상 수상
〈한국문학예술〉 시부문 신인상 수상
한국문학회, 시마을, 둥지문학회 회원
현) 강북 성모요양병원 근무

내게도 당신의 모습이

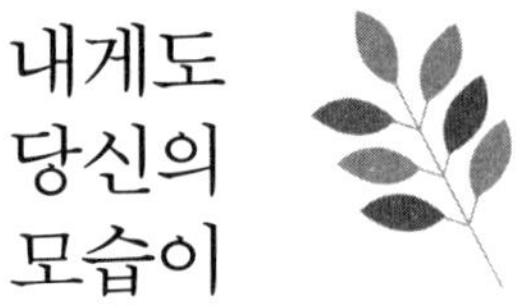

내 어릴 적에 얼굴을 모르고 지내온 나의 어머니인데 문득 눈을 들어 거울을 보면 가끔씩 당신의 모습이 살며시 자리를 하고 있습니다.

나의 눈가에 주름이 하나둘 생기는 것이 나의 어머니의 얼굴에도 세월의 흔적으로 깊게 패어 밭고랑처럼 흐르듯 있었겠지요. 그 골을 따라 그리움이 쌓이고 쌓여 굽이굽이 힘겨운 자신과의 싸움으로 가슴에 얼룩진 눈물과 그리움이 겹겹이 쌓아 핏빛으로 멍이 들어 그것이 하룻밤의 운명으로 날아 가버린 당신을 무던히도 원망하며 살았던 딸이었습니다.

엄마라고 부르고 싶은 마음을 가슴에 감추어 두고 친구들이 엄마를 부를 때나 저녁을 먹으라고 그녀들이 친구들의 이름을 부를 때면 놀이도 팽개치고 엄마! 하고 달려가고 난 뒤에 남겨져 있는 나는 몰래 서러움을 달래며 집으로 돌아오는 발걸음은 어찌 그리 무겁던지 그대로 어디론가 달아나 버리고 싶은 마음을 누르고 저는 동생들을 데리고 저녁을 준비하러 집으로 향했습니다.

그러는 사이에 내 가슴에도 어머니처럼 어느 때부턴가 가슴 한 켠에 질병처럼 똬리를 틀고 앉아 주인 노릇을 하려고 하는 그 무엇이 있었습니다.

서러운 눈물이 쌓여 가슴을 막고 원망이 쌓여 주인이 되어 무겁게 누르는 가슴을 안고 걸어가는 세월에 기쁨을 잊고 슬픔으로 얼룩진 마음을 달래지 못하고 살았습니다. 그것을 털어내는데 20년이 넘은 세월이 걸렸습니다.

내가 어머니 나이가 되어 가슴에 몰래 감추어 두었던 그 말을 전하려고 해도 당신의 모습은 찾지 못하고 당신께 죄송하다는 말을 어떻게 전해야 할지 알지 못해 안타까운 마음을 이렇게 글로 적습니다. 어머니 죄송합니다. 그리고 마음속으로만 불렀던 엄마를 목청껏 불러보고 싶습니다.

어머니! 아니 엄마! 엄마!
나의 엄마 오래 걸려서 돌아왔습니다.

어머니…

생각만 해도 가슴이 아파 옵니다.

세월이 흘러 이제는
제 나이 벌써 어머니 나이가 되어

가만히 거울을 보고 있으면
내 얼굴에서
어머니 얼굴이 스치웁니다.

잠깐 스치는 당신을 찾으며
가슴이 두근거림은
여전히
그리움을 가슴에 묻지 못하고
찾아 헤매는 것이
아직 다 자라지 못하고 주저앉은
채송화처럼
세월이 흘러도 여전히
그리움에 가슴이 떨려옵니다.

긴 세월 두고 지친 마음을 달래고 싶은 마음에 순간순간 어머니 품을 찾아 그리움에 안겨 헤매고 있습니다. 남들은 당연하게 부르는 이름을 속으로만 부르며 마음을 달래야 했던 꼬마가 어느덧 어른이 되어 그리운 얼굴을 거울에서 찾습니다. 아직도 자라지 못한 가슴이 그 자리에 남아 세월을 잊었다가 불혹의 나이가 되어서야 가슴에서 모든 것을 내려 놓습니다. 문득 거울 속에서 환한 미소가 번지고 있습니다.

작은 음악당

"황 선생 오늘 조금 늦어도 되지?"
"안되죠! 나는 시험기간인데."
"황 선생 미안한데 이쪽으로 와 줄래!"
"거기가 어딘데요?"
"여기는 안국동 정독도서관 옆이야."
"나 거기 모르는데 인사동으로 나오시면 안돼요?"
"황 선생 오면 후회 안 해! 좋은 곳이야."
"알았어요."

사실은 정독도서관이 어디에 있는지? 무슨 도서관인지? 인사동 어디쯤에 있는지 몰랐다. 이렇게 전화를 끊고 물어물어 정독도서관을 찾아가서 전화를 했더니 지인께서 마중을 나오셨다.

정독도서관(正讀圖書館)은 1977년 1월 4일 개관한 서울시립도서관이다. 서울특별시 종로구 북촌로5길 48(화동 2)에 위치했던 경기고등학교 건물을 1977년 1월 4일 인수해 개관하였으며, 52만여

권의 장서와 1,200여 종의 연속간행물, 15,500여 점의 시청각자료, 12,800여 점 이상의 교육사료를 보유하고 있다. 관내에는 구 경기고등학교의 역사를 간략히 소개한 게시판이 설치되어 있다. 건축 당시 스팀난방시설을 갖춘 최신식 학교 건축으로서, 보존 가치가 뛰어나다고 판단되어 건물 중 오래된 4개 동(사료관동, 도서관 1 · 2동, 휴게실동)이 등록문화재로 지정되었다.

"황 작가 오늘은 내가 좋은 음악 들려줄게. 글 쓰는 사람들도 가끔은 좋은 음악으로 귀를 청소해야지 좋은 글이 나오지." 하시며 안내를 하신다.

안으로 들어서자 간단하게 소개를 하고 아는 선생님도 계셔서 인사를 하고는 자리를 잡고 앉아 주위를 둘러보는데 피아노 반주에 맞추어 노래가 울려 퍼진다.

"샹송!" 피아노 반주를 하면서 노래를……

피아노 반주로 샹송이 울릴 때 감히 숨소리도 크게 내지 못할 정도로 모든 이들의 마음을 감싸 안으며 흐른다.

프랑스 파리에 있는 어느 노천카페에 앉아 커피를 마시며 사랑을 속삭이는 영화 속의 장면을 생각하면서 눈을 감는다. 꼭꼭 닫혀 있던 마음이 사르르 녹는다.

샹송을 잠깐!

샹송(프랑스어: Chanson Francaise, 번역: 프랑스 노래)은 프랑스어로 '노래', '가요' 라는 뜻이다. 모든 프랑스 가곡을 이렇게 부르는 것은 아니며, 주로 서민의 노래를 칭할 때 쓰인다. 가사는 하나의 이야기로 된 것이 많고, 쿠플레라고 하는 스토리 부분과 러프랭이라고 하는 반복하는 부분으로 되어 있는데, 일상 회화의 알기 쉬운 말이며, 때로는 아르고(곁말)를 섞기도 한다.

샹송 포필레르샹송 포필레르(프랑스어: Chanson populaire)는 '민중의 노래' 라는 뜻이며, 이른바 유행가를 가리키는 경우도 있으나, 샹송사(史)에서는 작자 불명의 민요 또는 이에 준하는 것을 말한다. 881년에 바랑셴느의 수도사가 만든 "성녀 우라리 이야기"는 그 한 예로서, 이것이 현재까지 전해진 가장 오래된 샹송이다.

샹송 사방트샹송 사방트(프랑스어: chanson savante)란 '학식있는 샹송' 또는 '고급 샹송' 의 뜻으로, 샹송 포필레르에 대하여 작자가 분명한 것을 말한다. 중세의 궁정을 중심으로 발달하였으며 사랑의 노래가 많았다. 가사의 형태도 정돈되었고 곡도 예술적이어서, 샹송 파퓰레르에 많은 영향을 주어 근대 샹송의 발생을 촉진하였다.

샤소니에 자신이 직접 쓴 샹송을 부르는 작자 겸 가수를 샤소니에(Chansonnier)라고 부른다. 여성이면 샤소니에르(Chansonniere)라 불리지만, 대부분이 남성이다. 때로는 남이 작곡한 것을 부르기도 하나 가사는 반드시 자기가 만든다. 그것도 흔히 있는 내용이 아니라 예리한 풍자를 지니며 에스프리에 찬 것이어야 한다. 중세가 끝나고 르네상스로 접어든 1600년대의 초엽, 파리의 센 강에 퐁 네프(새 다리)가 놓였었다. 거기에는 많은 상점이 즐비하고, 모인 사람들 앞에서 거리의 가수가 노래불렀는데, 그들의 대부분은 당시의 정부나 귀족을 맹렬히 비꼬는 노래를 만들어 갈채를 받았다. 이와 같이 노래로 풍자하는 것을 샹소네라고 하며, 그 작자 겸 가수를 샹소니에라 하게 되었다. 샹소니에의 전통은 지금의 샹송계에도 계승되어, 조르주 브라상스나 레오펠레 등이 이에 해당한다.

카페 콩세르카페 콩세르(Cafe Concert)란 음악을 들려주는 카페를 말하나, 커피 이외의 것도 마실 수 있다. 파리에서는 1800년경부터 카페가 번성하였고, 서민의 집합소가 되었다. 1850년경 샹젤리제 거리에 있던 '뚱뚱이 프루리' 라는 남자의 가게가 손님이 적어 파산 직전에 있었다. 그래서 프루리는 궁여지책으로 스스로 샹송을 불렀고, 그 결과 손님이 많이 몰렸다. 이것이 카페 콩세르의 시작이다. 카페 콩세르는 샹송의 온상이 되어 많은 가수를 양성하였고, 1900년 전후의 벨 에포크(좋은 시대)에 현대 샹송의 기초를 쌓았다. 그러나 그 후 큰 규모의 뮤직홀의 출현으로 쇠퇴의 길에 올랐고 영화의 발명으로 결정적인 타격을 받았다.

샹송의 분류와 크레아시옹크레아시옹(Creation)은 '창조' 라는 뜻의 말이지만 샹송에서는 '창창(創唱)' 이라 번역되며, 어떤 노래를 처음으로 불러 성공을 거두는 것을 말한다. 즉, 가수는 작자와 공동으로 노래를 형성하는 역할을 하는데, 목소리의 아름다움이나 음악상의 정확성보다도 가사를 어떻게 해석하며 개성적 표현으로 청중에게 전달하느냐가 문제가 된다. 과거에는 어떤 가수가 창창(創唱)한 샹송을 다른 가수가 부르는 일은 거의 없었으며 이 점이 다른 장르에서는 볼 수 없는 샹송의 큰 특징의 하나였으나, 제2차 세계대전 후에는 창창의 의의가 희박해져서 많은 가수가 같은 곡을 부르게 되었다. 창창이 중시된 시대에는 샹송과 샹송 가수를 다음과 같이 분류하였다.

샹송 드 샤름샹송 드 샤름(Chanson de Charme)이란 '매혹의 샹송' 이라는 뜻이다. 주로 사랑을 테마로 한 감미로운 샹송이다. 이것을 전문으로 노래하는 가수를 샹퇴즈(남성인 경우에는 샹퇴르) 드 샤름이라고 한다. "사랑의 말" 의 뤼센느 브와이에나 "비오는 길" 의 티노 로시 등은 대표적인 가수이다.

샹송 레알리스트샹송 레알리스트(Chanson Realiste)란 '현실적 노래' 라는 뜻이다. 생활의 어려움이나 인생의 비극을 적나라하게 노래한 샹송이다. 이것을 레퍼토리로 하는 가수를 샹퇴즈(남성이면 샹퇴르) 레알리스트라고 한다. 그 창시자는 아리스티드 브뤼앙이라고 하며, 제2차 세계대전 전에는 프뢰르 다미아, 이본느 조르주가 이 분야의 뛰어난 가수였다.

샹송 팡테지스트샹송 팡테지스트(Chanson Fantaisiste)란 '환상의 노래' 라는 뜻이다. 자유자재로 공상을 펼쳐 엮은 샹송으로서, 재기에 넘치며 코믹한 요소를 가지고 있다. 이것을 노래하는 남성가수를 샹퇴르 팡테지스트라 하며, 모리스 슈발리에, 샤를 트레네, 마르셀 아몽 등이 이 장르에 속한다고 생각되고 있다. 노래의 성격상 여성 가수는 극히 적다.

샹송 리테레르샹송 리테레르(Chanson litteraire)란 '문학적 노래' 라는 뜻이다. 샹송에서는 가사가 특히 중요하지만, 오래된 명시에 가락을 붙인 것이나 일류 시인이 작사한 작품도 결코 적지 않다. 이와 같은 문학적으로 우수한 샹송을 샹송 리테레르라고 한다. 예컨대 보들레르의 "악의 꽃" 에 레오 페레가 작곡한 것이나, 같은 페레 작곡인 기욤 아폴리네르의 "밀라보 다리" 외에 피에르 마코를랭의 시도 수많이 샹송으로 되었다. 자크 프레베르 작사, 조제프 코마스 작곡의 "낙엽", "바르바라" 도 유명하다.

발스 뮈제트발스 뮈제트(Valse Musette)란 뮈제트 앙상블(아코디언을 중심으로 한 악단)로 연주되는 왈츠를 말한다. 뮈제트란 시골의 양치기가 사용한 피리를 말하나, 지금은 아코디언으로 대용된다.

자바자바(Java)는 발스 뮤제트보다도 발음이 명쾌한 3박자의 춤곡이다. 샹송으로 종종 사용되는 음악 형식으로서 서민적인 색채가 짙다.

피아노 연주와 노래가 끝나자 선생님들께서는 눈으로
"오늘 한곡 어때?" 하고 묻는다.
서로 눈으로 아코디언과 바이올린으로 악기를 정한다.
이어서 아코디언과 바이올린의 이중주로 탱고가 울려 퍼진다. 눈앞의 스크린처럼 탱고를 추는 장면이 펼쳐지고 몸보다 마음이 먼저 그곳으로 빠져 들어간다.

아코디언과 바이올린이 함께 하는 탱고, 남녀의 열정적인 춤사위가 머리를 스치며 눈앞에서 춤을 춘다. 사랑하는 사람들이 열정과 고혹적인 눈빛 두 사람은 몸으로 서로의 감정을 표현하기 위해

혼신을 다해 춤을 춘다.

1880년 무렵 부에노스아이레스의 하층민 지역에서 생긴 사교춤으로 스페인의 탱고와 빠르고 육감적이며 평판이 좋지 않은 아르헨티나의 밀롱가가 혼합되었으며, 쿠바의 하바네라에서도 영향을 받았으리라 여겨지며 1900년대 초에 사회적으로 용납되었고 1915년경에는 유럽 사교계에서 선풍적인 인기를 끌었다. 알려진 작곡가가 만든 최초의 탱고 음악은 1910년 무렵에 출판되었다. 초창기 탱고는 활기차고 쾌활했으나 1920년대가 되자 그 음악과 가사가 극도의 우수를 띠게 되었다. 스텝도 초기의 활기찬 스텝에서 부드러운 실내 무도 스텝으로 변화했다. 탱고 음악은 4/4박자이다. 스페인 탱고는 플라멩코와 음악의 경쾌한 변형이며 아르헨티나 춤의 영향을 받았을 거라 한다.

어떻게 아코디언과 바이올린을 함께 연주를 할 수 있었는지 역시 대한민국의 최고의 악사들이라고 해도 손색이 없다.

열정적인 탱고의 연주가 끝나자,
선생님들은 바로 '봄날은 간다' 를 연주해서 반전을 한다. 어깨춤이 절로 나오는 흘러간 옛 노래 아코디언과 바이올린의 이중주로 듣는 '봄날은 간다' 는 새롭기도 하지만 그러나 바이올린소리가 하나도 어색하지 않고 아코디언과 어우러진다. 어깨춤이 절로 나오게 만드는 아코디언과 바이올린의 연주를 들으며 우리네 어머니 아버지들의 애환이 향수처럼 가슴으로 다가온다.
더 듣고 싶은 마음에 앵콜을 청해보았지만 아쉬움 속에 연주회는 끝이 났다.

소리 없이 내려앉아 대지 깊숙이 스며드는 이슬비처럼 가슴 깊은 곳으로 스며든다. 흐르는 음악에 취하고 정에 취하는 피아노 건반이 움직일 때마다 잔잔한 호수의 물결같이 마음속에 조용한 파장으로 일렁인다.

말을 하지 않아도 서로의 마음을 읽을 줄 알고, 말을 하지 않아도 무엇을 원하는지 읽을 줄 아는 음악을 사랑하는 지인들의 연주가 울려 퍼지는 작은 음악당에서 서로의 마음을 작은 손가락에 실어 들려주는 피아노의 감미로운 선율과 아코디언의 열정적인 소리와 바이올린이 함께 어울려 작은 공간에서 춤을 춘다.

아코디언의 최고라고 말해도 괜찮은 협회회장님과 예전의 악단장님이셨던 지인이 함께 마음을 모아 하는 연주, 열정적인 연주보다 감미롭게 느껴지는 건 지인끼리 모여서 담소를 나누고 약간의 맥주도 마시면서 흥에 겨울 땐 즉흥적으로 이렇게 작은 음악회가 열린다.

그렇다고 선생님들께서 모이면 늘 연주회가 열리는 것은 아니다. 아주 가끔 이런 기회를 즉흥으로 가지는데 오늘은 행운처럼 선생님들의 연주를 듣게 되었다.

흐르는 음악 속으로

샹송이 울려 퍼지는
작은 음악당

소리 없는 속삭임
그리고
사랑의 눈빛이 어우러진
노래 소리에 이끌려
멀어져간 사랑
손짓으로 부르며
다가가는 시간
하얀 크리스탈 잔의
차가운 느낌 속으로
작은 사랑이 춤춘다.

밖으로 나오니 보슬비가 내리고 있었다. 조금 맞아도 좋겠다 싶어 코트에 달린 모자를 쓰고 걸으며 생각한다. 가끔 좋은 곳이 있으면 같이 가자고 하시는 선생님께 감사한 마음을 가진다. 그리고 오늘의 벅찬 감동이 가슴에서 식지 않았으면 좋겠다는 생각을 하며 내리는 보슬비에 마음을 적신다.

♠ 참고 자료 샹송은 다음커뮤니케이션에서 GFDL 또는 CC-SA 라이선스로 배포한 글로벌 세계 대백과사전의 내용을 기초로 작성된 내용이 포함.

아주 나중에
내가
그 나이가 되었을 때

봄 햇살 가득
가슴에 내리는 날
선배 · 후배 서로 마음을 합쳐
손에 손잡고 거닐며
눈 맞추며 미소를 짓는다
사람이 있고 사랑이 있고
시와 사람 사는 이야기가 어우러진
말소리가 음악처럼 흐르는
누구라고 말하지 않아도
마음을 열고 서로를 안는다.

아름다운 나들이, 둥지문학의 봄 문학기행! 작은 둥지를 만들고 조금 더 큰 둥지를 만들어 가고자 하는 마음으로 모였다.

허영자 시인과의 문학기행!! 아침부터 분주하게 준비를 하고 혜화역까지 가는데 시간이 참 많이 걸렸다. 그곳에서 둥지인들을 만나고 다시 선생님댁으로 걸어가는 길에서도 피곤함이 몰려오는 것 같았다. 주차장에 도착을 하자 선생님께서 반갑게 맞아주시며

"오늘은 안성으로 나들이를 갑니다. 즐거운 시간이 되었으면 합니다."

한 사람 한 사람 웃으며 인사를 하신다. 먼저 도착한 둥지인들과 반갑게 인사를 하고 안성으로 출발을 하였다.

허영자 시인과의 첫 만남은

'참 미소가 고운 분이구나' 라는 느낌을 들게 하는 분!

고은 미소를 보는 순간 가슴 속의 피곤함이 봄 눈 녹듯 사르르 녹는다.

허영자 시인—

이름만 들어도 글을 쓰는 사람이나 글을 쓰지 않는 사람까지도 다 아는 사람! 처음으로 만나는 분이라 정보를 찾아볼까? 하다가 그만두었다.

정보를 알게 되면 생각이 먼저 제멋대로 꾸밀까봐 죄송하지만 그분이 어떤 시를 쓰셨는지 전혀 모르고 얼굴도 모른체 만나기로 하였다. 귀동냥으로 이런저런 이야기를 들었지만 기억이 나지 않는다. 하늘하늘 가녀린 몸에 흰머리, 여성스러운 말씨, 키가 크고 마르셔서 더 여려보였다.

지나온 세월을 말씀하시면서 일제를 겪고 6.25를 겪으면서 법관이 되려고 서울대에 지원을 하셨는데 실패를 하고 숙명여대를 가셨다는 그때부터 글과 인연이 되었다는 선생님, 인생에서 너무 많은 것을 포기하고 살았지만 늦었다 생각하지 않고 도전하는 둥지인들에게 박수를 보내주시는 넉넉함, 밖에서 식사를 하자는 우리들에게 주방을 내어주시면서 집에서 해먹자는 소박한 마음씨! 허영자

시인의 지휘아래 주부9단인 신명숙 시인을 시작으로 삼계탕을 준비하고 남상아 시인의 아궁이에 장작불을 지피는 것으로 요리가 시작되고 주방에서는 죽을 끓이고 마당 뒤곁에서 삼계탕을 끓이는 냄새로 동네방네 소문을 낸다. 소문이 나기 시작하자 집안에서는 상을 차리고 배에서 꼬르륵 소리와 함께 침 넘어가는 소리가 식욕을 부르는데 선생님께서 도자기를 들고 오시면서 이렇게 "귀한 날에는 술이 있어야지" 하시면서 동동주를 한잔씩 따라주시면서 건배제의를 하신다.

둥지의 권오순 회장님께서 반갑게 맞아주셔서 감사합니다. 건강하십시오. 하면서 건배를 하고

선생님께서 "I CAN DO, YOU CAN DO" 하시면서 건배 제의를 하고 우리들도 따라서

"I can do, you can do"를 외치면서 한잔 쭉~~욱

예쁜 그릇에 놓인 닭을 보며 와!!

이렇게 섹시하게 생긴 다리는 첨 본다면서 모두 시인, 수필가, 문인들이고 주부9단들 아닌가! 한마디씩 하는 말이 걸죽한 입담이 쏟아진다. 환상적인 점심을 먹고 작은 둥지인들의 시낭송이 시작되었다.

서로들 힘들게 살면서도 공부를 하고 글을 쓰는 예쁜 마음을 가진 둥지인들 자기소개와 함께 애창시, 자작시를 낭송하는데 18세 소녀처럼 붉게 물들인 얼굴에 수줍은 미소가 어린다.

허영자 선생님의 서정주 님의 "자화상" 낭송을 끝으로 낭송이 끝나고 선생님의 제창으로 I can do you can do를 외치면서 '칠장사' 로 이동을 하였다.

칠장사 유서 깊은 절—

칠현산 기슭에 있는 사찰로 신라 7세기 중엽 자장율사에 의해서 개기하였다는 사찰로서 문헌에 보면 사찰이 번성할 때는 건물이 대웅전을 비롯하여 총 56동 건물이 있으며 칠장사에는 보물, 국보급 등 다량의 문화재를 보유하는 사찰로 혜소국사가 7악인을 제도하였다는 고사에서 산 이름을 7현산(七賢山)이라 부르게 되었으며 칠현인이 오래 머물렀다 하여 칠장사로 하였다.

조선시대에는 인조 원년(1623)에 인목대비가 아버지 김제남과 아들 영창대군의 명복을 비는 절로 삼아서 크게 된 곳이기도 하다. 이후 세도가들이 이곳을 장지(葬地)로 쓰기 위해 불태운 것을 초견대사가 다시 세웠으나 숙종 20년(1694) 세도가들이 또 다시 절을 불태웠다. 숙종30년(1704)에 대법당과 대청루를 고쳐 짓고 영조 원년(1725)에 선지대사가 원통전을 세웠다.

특히 벽초 홍명희의 임꺽정 역사 소설의 일곱의 도적과 병해스님의 애기의 배경이 된 곳으로, 유명하다. 신라 47대 협안왕 서자인 궁예가 13살까지 칠장사에서 유년기를 보내면서 활 연습을 한 활터가 남아있고 고려시대 혜소국사가 칠악인이 칠현인으로 제도된 일곱현인의 화신인 나한진은 어사 박문수가 기도를 드리고 장원급제 했다고 전해지며 당시의 과거 시제인 '몽중등과시' 의 현장이며 예전에는 과거시험에 장원을 꿈꾸던 선비들이 많이 찾았고 지금도 수험생 자녀를 둔 부모들의 공양이 있는 곳이다.

칠장사는 경기도에서 가장 많은 문화재를 보유하고 있는 절이다.

* 칠장사 혜소국사비(보물488호)

* 칠장사 철당간(지방 유형문화재 39호)

* 인목대비 친필족자(지방 유형문화재34호)

* 오불회 괘불(국보296호)

한 곳 한 곳 찬찬히 둘러보시면서 설명을 해 주시다가 혜소국사비 앞에 서시고는

"누가 낭독을 해주면 여러 사람이 들을 수 있지." 하시자

"이럴 땐 막내가 해야지." 하며 이구동성으로 나를 쳐다본다.

"제가요?" 놀라서 묻자,

장난기로 가득 찬 얼굴로 "그럼." 하시면서 웃으신다. 둥지인들 중에는 시낭송가도 몇 분이 계신데 나보고? 읽어 내려가자

"와! 천상의 목소리." 하시며 칭찬을 하신다. 칭찬은 고래도 춤추게 한다고 했던가! 가는 곳마다

"해설자!" 하고 부르신다.

잠깐의 '칠장사' 여행을 마치고 입구로 내려오자 특산물 파는 곳에서 이것저것 구경하며 주인아주머니가 권하는 돼지감자도 먹어보고 설명도 듣고 하던 중에 둥지인들이 선생님께 댁에서 드시라고 도토리묵을 사드렸더니 선생님께서는

"간장 있어요?" 묻고는 도토리묵을 썰어 달라고 젓가락도 없이 손으로 묵을 집어서 간장을 꾹 찍어 드시면서 "이렇게 먹어야 제 맛이지!" 하신다.

둥지인들도 너나없이 앞을 다투어 묵을 집어 입으로 가져가며 서로 얼굴을 보고 킥킥거리며 어린아이처럼 웃는다.

둥지인들은 선생님께 마음의 선물로 편지를 쓰기로 했다.

볼에 스치는 바람의
숨결이 들리는 듯
부드러운 공기
봄기운이라 해야 하나
아지랑이 속삭임이
귀를 간질이고
햇살의 고은 웃음 속에
두근거리는 설레임

아주 나중에 내가 선생님 나이가 되었을 때 선생님처럼 고은 미소를 갖기를 소망합니다. 건강하십시오. 이렇게 적어서 선생님께 드렸습니다.

나도 선생님처럼 넉넉하고 고운 마음을 가질 수 있을까?

이렇게 허영자 시인과 둥지인들에 안성으로의 작은 여행은 사람 사는 향기를 가슴 가득 안고 돌아왔다.

내가 그에겐 악연이었다

그는 내게 이렇게 말했다.

나쁘다, 나쁘다 해도 너처럼 나쁜 애는 못 봤고

못됐다, 못됐다 해도 너만큼 못된 애는 처음 보았다고 말했다.

그가 나를 만난 것은 악연이었던 것 같다.

많이 힘들 때 만났는데 너무 빨리 다가와서 당황하고 두근거렸던 사람.

처음으로 좋아했던, 아니 사랑했던 사람.

온 세상이 아름다워 보이게 했고

살아있는 것이 다행이라고 느끼게 했던 사람.

내 나쁜 버릇 조용히 칭찬으로 고치려고 노력했던 사람.

죽을 만큼 힘겨웠던 내 삶을 행복하게 느끼게 했던 사람.

내가 투정을 부릴 때 귀엽다고 했고

내가 화를 낼 때 예쁘다고 했던 사람.

그 사람 볼 때마다 가슴이 두근거려 들킬까 겁이나

더 못되게 굴고, 내 생활이 힘에 겨워, 멀리했던 사람.

사람에게 향기가 있다는 것을 알게 해준 사람.

지금 죽어도 좋을 만큼 살아있음을 행복하게 느끼게 했던 사람.
숨이 막히도록 내가 아파할 때 나보다 더 아파하며 숨죽여 울던 사람.
너무 아픈 내가 혼자 요양을 해야 함을 절박해 할 때 말없이
나보다 먼저 가방을 싸서 여행을 가자고 졸랐던, 그랬던 사람.
같이 요양을 할 때 내가 아무것도 할 수 없는 것을 탓하기보다
자기가 잘 못해서 미안하다고 했던 사람.

시골에 살아본 적이 없는 날 위해 들풀 이름부터 나물 이름까지 가르쳐주고 추억담을 이야기하며 나의 지루함을 달래주었던 사람.

내가 기운이 없어 쓰러질 때 말없이 안아주던 사람.

그 사람이 오늘은 그립다. 아니 그 사람의 마음이 그립다.

개나리 노란 웃음을 짓고 봄바람 살랑 내 가슴에 스며들어 아린 기억 더듬어 그리움을 만들어 내는 건 아마도 내가 그를 보낼 때 하지 못하고 이기심으로 남겨둔 말을 하라는 것일까?

사랑을 하고 영원히 함께 하려고 반대하는 양 쪽 집에 간신히 허락을 받기까지 꽤나 힘이 들었다.

그렇게 우리의 마음이 하늘을 날 것 같은 기쁨도 잠시 갑자기 나의 마음의 변화, 그리고 무조건 도망!

그가 초췌한 모습으로 나를 찾아냈다.

그러나 또다시 도망!

그가 다시 나를 찾아냈을 때는 그의 두 눈은 울고 있었다.

왜냐고 그가 물었을 때 대답을 하지 못했다.

왜 그랬을까?

왜 무조건 도망을 쳐야 했을까?

그 대답은 알지 못했다.

그리고 그는 이렇게 말했다.

이 세상에서 나쁘다 나쁘다고 해도 너처럼 나쁜 애는 못 봤고,

못됐다, 못됐다 해도 너 만큼 못된 애는 처음 보았다고.

왜! 다른 사람들은 너를 착하다고 하는지 모르겠다면서, 손을 놓는 것이 아니라 자유를 준다고 마음껏 세상구경하다가 지치면 그때는 다른 곳이 아닌 내게로 오라고 꼭! 다른 곳이 아닌 그에게로 오라고 하며 돌아서갔다.

그렇게 도망치고도 마음에서 그를 보내기는 참으로 오랜 세월이 걸렸다. 사랑해서 잊지 않으려고 발버둥 쳤고, 미안해서 오래도록 기억하려고 했었다.

그리고 많은 세월이 흘렀다.

오랫동안 마음에서 걸림이 되었던 그가 오늘은 생각이 난다.

구리! 까마득한 기억 속의 그곳에 그의 집이 거기에 있었다.

덕소로 시 낭송을 하러 가는 길에 그곳을 지나는 것이 내 기억 속을 헤집어 놓았다.

혹시라도 지금에 와서 그를 만나면 그때 왜냐고? 물었던 그의 물음에 답을 줄 수 있을까?

아니다. 여러 가지 이유나 핑계를 가져다 붙여도 답은 아니다.

아직도 나는 그 물음에 답을 알지 못한다.

다만 미안했다고, 참 많이 사랑했었다는 말을 해주고 싶다.

그를 만나기를 원하느냐고? 내 자신에게 물어본다.

아니 만나고 싶지 않다.

그냥 바람결에 그에게 들리어지길 바란다.

정말 미안했다는 말이……

금붕어와 메기의 사랑

"언니, 언니! 옛날 우리 살던 집에 옹달샘 있었잖아? 그 샘은 어찌됐어?"

"옹달샘? 무슨 옹달샘?"

"왜 샘물 있잖아, 금붕어와 메기가 살던 샘!"

"아! 그 샘 아직도 거기 있어."

주택가에 자리한 아주 작은 옹달샘, 물이 맑고 깨끗했다.

거기에는 언제부터인지?

누가 기르려고 갖다 넣었는지 모르지만 금붕어 한 마리와 메기 한 마리가 살았다.

큰언니가 집을 샀는데 그 집에 옹달샘이 있었다.

집안에 있는 것이 아니고 소유는 우리 것이지만 집밖에 있었다.

그래서 별 신경 안 쓰고 살았는데 어느 날 동생들이 소란스럽게 뛰어 들어오면서

"언니! 언니 옹달샘에 물고기가 있어!" 하면서 호들갑이다.

"거기는 물고기 없어, 지금까지 못 봤는데." 하며 동생이 손을 잡아 끄는 데로 따라갔다.

그리고 아무리 찾아도 물고기는 보이지 않았다.

"거봐 없잖아." 하니까

"아니야 진짜 있어, 금붕어랑 이상하게 생긴 물고기가 있어!"

하는데, 거짓말하는 것 같지가 않아서 야단치는 것을 멈추고 지켜보기로 했다. 그날은 물고기 보는 것을 포기하고 다음날 또 다음날 이렇게 며칠을 보러 다닌 결과 드디어!

어느 날 빨간 금붕어가 눈에 들어오는 것이었다. 작고 예쁜 금붕어였다. 그래서 잡으려고 손을 살짝 넣었다. 그 순간 무섭게 생긴 물고기가 다가오기에

"엄마야!"

비명을 지르고 놀라서 보니 못생긴 물고기가 같이 있었다. 이상하게 생긴 물고기인데 한 번도 본 적이 없었다. 매일 금붕어를 볼 때면 보디가드처럼 옆에 못생긴 물고기가 항상 같이 있었다.

오빠가 오기를 기다려 못생긴 물고기 이름을 물어보았다. 그 물고기는 메기란다. 그러나 서울에서만 살았던 나는 메기를 처음 보았고 민물고기를 본 일이 없어 몰랐다. 오빠한테 물어 금붕어와 메기가 무엇을 먹는지 물어보고 먹이를 가져다주는데

"영험한 신령한테 세속에 물건을 주면 안 돼!"

하며 동네 할머니한테 혼이 났다. 그래도 우리는 듣지 않았고 가끔 그 할머니는 우리가 먹이를 주는 것을 보면 이놈들 하며 혼을 내셨다. 금붕어와 메기가 좋아하는 것이라고 설명을 해도 막무가내로 혼내시는 것이었다.

'이 샘물, 우리 것인데 할머니는 괜히…'

하면서 속으로만 중얼거렸다.

아무도 없을 때 먹이를 주고 잘 있는지 확인을 했다. 우리뿐이 아

니고 동네 아이들의 애완동물마냥 서로 확인하고 즐거움을 같이 했다.

가끔 예쁜 금붕어가 탐이나 혼자 있는 것을 확인하고 잡으려고 손을 넣으면 어디서 나타났는지 못생긴 메기가 나타나면 무서워 비명을 지르며 도망을 했다.

그렇게 금붕어 한 마리와 메기 한 마리가 그곳에서 사이좋게 살고 있었다.

그런데 어떻게 해서 금붕어와 메기가 한곳에서 살게 되었을까?

같이 살게 된 사연이 궁금했지만 그 당시 우리는 어디에다 물어볼 사람도 없고 어린 마음에 호기심보다는 하루하루 금붕어랑 메기가 잘 있는지 확인하고 몰래 먹이 주는 것에 재미를 더했다. 수족관 놀이가 시들해질 즈음 우리언니 집은 이사를 했다.

그리고 까맣게 잊어버리고 살았다.

그런데 나의 큰언니와 여행길에서 옛 추억을 더듬는 순간에 금붕어와 메기가 머리를 스쳐지나가는 것을 붙잡고 언니한테 물었다.

"언니! 금붕어와 메기는 어찌 됐을까? 죽었겠지?"

당연한 대답을 기다리며 물었다.

그런데 언니 대답은 의외였다.

"그 물고기 아직도 살아있어." 하는 것이었다.

"진짜! 어떻게 20년이 넘었는데?" 하니까

"그래도 살아있어, 고여 있는 물이 아니고 밑에서 솟아나는 샘이라 살지."

하면서 이야기를 한다.

큰언니는 그 동네에 아는 분도 많고 친구도 많아서 자주 가는데 가끔 그 옹달샘을 본다고 한다. 그런데 얼마 전까지만 하더라도 아직도 금붕어와 메기가 살아서 헤엄치더란다.

그 동네에서 미신을 믿는 사람들이 그 샘에 와서 촛불을 켜놓고 지성을 드리고 샘물을 갖다가 정한수로 쓴다고 한다.

우리가 그곳에 살 때도 가끔 언제 왔다 갔는지 촛불을 켜놓은 것을 보곤 했다고 한다. 지금도 집주인은 미신을 믿는 사람이라 집을 새로 지으면서도 그 샘을 건드리지 않고 그대로 두었다고 한다.

그 동네에서는 샘을 무슨 신주단지 모시듯이 그렇게 지성을 드리고 보호한다고 하는데 이상한 것은 금붕어는 관상어이고 메기는 민물에서 사는 물고기인데 어떤 사연으로 같이 살게 되었을까? 금붕어와 메기는 어떻게 된 것일까? 지금까지 살아있다는 것이 궁금했다.

인터넷을 검색해서 궁금증을 알아보았다.

메기의 수명: 60년, 뱀장어의 수명: 50년, 잉어의 수명 :47년, 금붕어의 수명: 30년, 넙치의 수명: 25년, 미꾸라지의 수명: 22년, 노랑가오리의 수명: 21년, 연어의 수명: 15~18년, 대구의 수명: 14년, 숭어의 수명: 4년 등 물고기들의 수명이 이렇게 길거라고는 생각을 하지 못했다.

금붕어의 수명이 30년 메기의 수명이 60년이라고 한다.

그 작은 금붕어와 메기의 수명이 그렇게 길 줄은 몰랐다.

그런데 금붕어의 수명이 30년이면 메기는 60년인데 금붕어가 수명을 다하면 그들의 사랑은 어찌되나 메기는 혼자 남게 되는데……

"어떻게 그들의 사랑이 시작되었을까?" 궁금해졌다.

그래서 어린 시절 옹달샘으로 그들을 만나러 갔다.

아직도 예전 그 모습 그대로 거기에 금붕어와 메기가 있었다.

그러면서 내게 금붕어와 메기가 다가와 인사를 한다.

"왜 이제야 왔니?"

"안녕! 오랜만이야, 많이 변했네."

"응 미안! 많이 늦었지. 기다렸니?" 하며 이야기를 한다.

나도 샘 앞에 앉아서 그들의 사랑이야기를 듣고 나도 그동안 어떻게 살았는지 또 다른 나의 이야기를 시작한다.

도착을 알리는 시끄러운 방송에 정신을 차린다.

나의 어린 시절 한자락 추억의 금붕어와 메기의 사는 이야기는

추억이 아니고 아직도 진행 중이라고 생각을 하니 정말로 그들과 무슨 이야기를 할까 생각을 하면 가슴이 두근두근 거린다.

마치 애인을 만나러 가는 것처럼…….

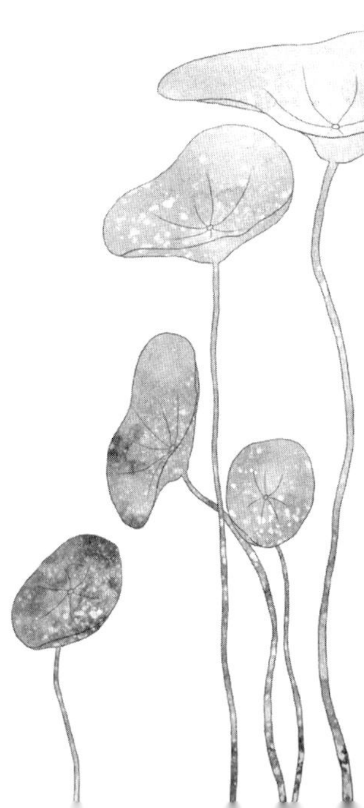

안광수

서울 출생
한양대학교 의과대학 및 동대학원
<국제문예> 소설부문 등단, <국제문예> 일산시 지회장
흉부외과 전문의, 개인병원 원장

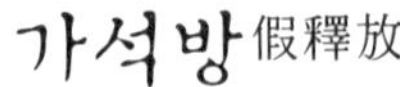

가석방假釋放

7:00 AM.

이미 정신은 깨어나 몸이 따라 일어나기를 기다린다. 얼추 때가 다 됐을 텐데. 쓰리, 투, 원. 빠바라밤~핸드폰에서 방정맞은 모닝콜이 울린다. 채 1초가 지나지 않아 '해제' 버튼을 눌러 잠재워버린다. 말이야 바른 말로 비록 방정맞긴 하지만 효과는 확실하다. 그런데 사람이 꼭 필요한 일을 하는 것은 아니라는 사실이 모닝콜 경우에도 해당된다. 언제부턴가 난 시간 전에 미리 일어나 '두더쥐 때려잡기'라도 하듯 '빠' 소리만 나면 스스로도 놀랄 정도의 순발력과 날쌘 동작으로 한 번의 실수도 없이 단번에 모닝콜을 제압하곤 한다. 생각해보면 사람인 내가 기계의 모닝콜 노릇을 하는 셈이니, 또 그것을 알면서도 우직하게 해내고 있으니 그 어리석음을 무엇에다 비길 수 있을런지 모르겠다. 부수수 침대에서 일어나 걸터앉는다. 아침에 일어날 때, 새나라의 어린이처럼 쑥쑥 커가는 내 아들이 하듯이, 기지개를 활짝 펴고 "야~" 하며 일어나 본 적이 언제인지 기억이 가물가물하다. 아내는 잠이 안 깼는지 아님 일어나고 싶지 않은지 눈을 감은 채 누워있다. 자는 걸로 인정하고 방해하지 않고 그대로 두기로 한다. 모든 것을 나와 함께 하기를 바라는 마음이 생기는 것까지야

어쩔 수 없는 것이지만, 그것을 강요하지 않는 너그러움과 상대를 있는 그대로 놓아 두는 것도 결코 적지 않은 사랑임을 언젠가 알게 되겠지. 아직 잠들어 있는 아이들의 잠자리를 보아 주고 깨지 않도록 방문들을 모두 닫는다. 잠듦과 깨어있음의 차이……

8:30 AM.

상쾌한 아침 바람을 가르며 자유로를 지른다. 시속 100Km의 주행도 그렇게 빠르다고 느껴지지 않는다. 제어되지 않는 빠르기만 한 것은 저급한 조급함일 뿐일 것이다. 서두름 없이 강변북로를 타고 테크노마트 앞에 멈추었다. 약간의 설레임과 함께 홀가분함이 온 몸 구석구석에 느껴진다. 차에서 내려 쪼그려 무릎 굽히기를 한다. 허리 펴기와 허리 굽히기도 한다. 아뿔사! 말이 허리 굽히기이지 손이 발등에조차 닿지 못하니 그냥 허리 숙이기이다. 나이 먹음보다는 나태함의 소치이다. 오늘은 부처님 오신 날이다. 덤으로 얻은 휴일, 꼭 부처님께 랄 수는 없지만 감사의 마음을 하늘로 날렸다. 이렇게 쉽게 느낄 수 있는 깃털 같은 자유로움, 왜 내 자신에게는 그토록 인색한 것일까? 스스로는 단 하루도 쉬지 못하는 비굴한 노예가 되어 있다는 생각에 금방 마음이 무거워진다.

A가 저만치서 손을 흔들며 나타난다. 정확한 시간에 모습을 드러낸 그는 성실하고 참으로 성의 있는 친구이다. 내가 지금까지도 버리지 못하는 편견중의 하나가 이것이다. "성실한 이는 시간을 지킨다."가 아니라 "시간을 지키는 이는 성실한 이요, 시간을 지키지 않는 자는 불성실한 자로다." 그러나 이젠 이 편견부터라도 버리고 싶다. 가까이 다가오는 그를 반가와 하면서도 괜시리 무표정으로 맞는

다. 그를 보며 세월의 거친 힘을, 아니 인생의 잔인한 무서움을, 울컥 치미는 연민의 정으로 느낀다. 풍선 같은 배와 성근 머리결과 거무튀튀한 안색은 차라리 희극적이라고 할 수 있다. 잘 생긴 얼굴에 잇몸이 들떠 댓개나 빠져버린 그의 치아들과 힘겨움에 깊이 빠져 있는 그의 탁한 눈빛은, 왜 그의 다른 이름이 '수배자' 인지 말해 주는 듯하다. 언젠가 우리 모두는 단 한 사람의 예외 없이 다른 법의 수배자가 될 것이다. 그 집요한 추적자를 기억하며 누군가 말했다. "오늘은 당신 차례, 내일은 내 차례." 우리는 아무말 없이 가벼운 악수만으로 인사를 끝낸다. 살아가며 침묵의 언어로 소통할 수 있는 누군가를 갖고 있다는 것은, 이 고단한 인생길에 참으로 커다란 위안과 위로가 되는 신으로 부터의 귀한 선물임에 틀림없다.

8:40 AM.

A와 난 강변역 입구로 B를 태우러 간다. 이른 시간인데도 중학생쯤 되어 보이는 수백 명의 아이들이 모여있다. 대부분 파릇한 여자아이들이다. 무슨 일일까? 그네들의 터질 듯한 정열과 에너지가 파동처럼 내게로 전해지는 듯하다. 절정의 시즌, 파란 페워웨이 한가운데 벼락 맞은 나무 한그루 주뼛주뼛 서 있다면 바로 저런 그림일까? 그들 가운데 B가 있다. 정확히 말하면 그들과 함께 그가 있다. 무슨 대단한 상징이라도 되는 양 오직 B만이 우리 쪽–길 쪽–을 향해 있고 그들 모두는 등을 돌려 저쪽 중앙을 향해 있다. 우리를 슬프게 하는 것들 하나 더. 밝고 행복한 군중들 속에 끼지 못하고 그들 언저리에서 머뭇거리는, 머리 빠지고 고혈압 환자이며 알콜의존증 상태인 어릴 적부터의 내 친구.

길 잃은 아이가 엄마를 찾는 듯한 표정으로 목을 쑥 빼고 지나가던 차들을 바라보던 B가 우릴 발견하고 반가와 한다. B는 어릴 때부터 눈이 나빠서 안경알이 매우 두껍다. 그런 안경을 낀 그는 반가울 땐 우리처럼 손을 흔들지 않고 흘러내리지도 않은 안경을 고쳐 올려 쓰곤 한다. 지금 그가 안경을 올려 쓰며-그럴 땐 오히려 화난 사람처럼 인상을 쓴다-우리에게 다가온다. 그도 역시 다른 이름이 있다, '신불자'.

"별일 없니?" 우린 서로 묻는다. 그 질문의 뜻은 "우리가 알고 있는 너의 그 숱한 별일 말고 어제 밤사이의 새로운 별일이 없냐?"는 것이다. 만약 대답할 무엇인가가 있다면 한 두어 시간쯤 뒤엔 묻지 않아도 알아서 자백할 것이다. 그러므로 우린 질문하고 대답을 기다리지도 않고 바로 다른 얘기를 한다. 다른 이들과 이런 식으로 대화한다면 '예의도 모르는 막 돼먹은 놈'이라는 비난을 면키 어려울 것이다. 이해함과 이해받음의 차이……

"무슨 일이래?"

"어떤 가수가 온다나 봐. 지난밤 부터 기다리던 애들도 많단다. 내 참!"

우리에게도 밤새워 기다릴 그 무엇이 있을까? 그 어떤 것이 우리를 이 어두운 밤에 끝내 잠들지 않고 깨어 기다리게 할 소망을 줄 수 있을까? 잠들지 않고도 꿈을 꿀 수 있을까? 우린 지금 꿈을 꾸고 있는 것일까, 깨어 있는 것일까?

9:20 AM.

거대한 서울을 벗어나 양평대로 초입이다. 걱정했던 것보다는 차가 적지만 기대했던 것보다는 많은 편이다. 노변에 있는 차가게에서

A가 샌드위치와 커피를 산다. 우린 셋인데 2인분만 산다. 얼핏 생각하면 모자랄 것 같지만 실제로는 그렇지 않다. A는 넉넉하지 않을 때에도 엄살을 떨거나 궁상을 피지 않는다. 오히려 실제로 베푸는 경우는 A인 경우가 훨씬 더 많았다. 어릴 때 가장 가난하게 보낸 사람이 A라는 것을 생각해보면 그의 아량과 넉넉함은, 내게는 너무나 부족한 그래서 친구 따라 강남은 가지 않더라도 친구 따라 체득하고 싶은 부러운 덕목이다. 우린 어려서부터 넘치는 풍요를 누리지 못했다. 그러나 우리는 부족했던 기억이 많지 않다. 배려, 양보 그리고 기꺼움과 흔쾌함 이런 것들이 늘 더해졌기 때문이었다. 그에 비하면 나는 영리한 깍쟁이였다. 그 점에서 B는 나보다 한수 아래였다. B가 나보다 머리가 나쁘기도 했지만, 그보다는 순수하고 착한 탓이었다는 것이 더 진실에 가까울 것이다. 그래서 지금껏 우리 무의식 속에 B는 '구두쇠' 요, 나는 '기분파' 쯤으로 각인 되어 있는 것이다. 창밖 저 편에는 한강이 흐르고 그 건너 산에는 푸르른 숲이 울창한데, 남에게 늘 주고자 했던 이는 수배자가 되었고 허투루 낭비라곤 할 줄 모르던 이는 신불자가 되었다. 영악했던 나는 손해를 최소화하며 살아온 덕분에 나의 본명을 유지하고 있다. A와 B가 부럽지는 않지만 내가 자랑스럽지도 않다.

모두들 알아버렸겠지만 우린 어디론가 가고 있다.

여전히 별로 말들은 없다. 우리 사이의 침묵은 모차르트의 교향곡 40번이 채워준다. 음악에 맞추어 저 강물이 넘실대는 것인지, 저 강물의 흐름이 선율을 이끄는 것인지 우리는 알지 못한다. 난 철저한 전방주시, 조수석의 B는 정면과 창옆을 응시하고 뒷열의 A는 아마도 옆을 보고 있을 것이다. 왜냐면 그 누구보다도 오직 앞만을 보고 살아왔으므로.

10:30 AM.

탁 트인 시야가 가슴까지 시원하게 해준다. 오늘은 추월 같은 것은 하지 말자고 속으로 다짐한다. 무엇을 따라잡겠다고 무엇을 앞지르겠다는 것인가? 아무리 빨리간다한들 자꾸만 저만치 앞서가는 우리 마음을 무슨 수로 잡을 것인가?

우린 각자 제각각의 아픔과 슬픔과 꿈과 사랑을 가슴에 품고 이 여행을 떠난다. 이제쯤엔 우린 그저 말 없음의 상태가 아니라 저마다의 깊고도 고요한 상념의 바다에 빠져있다. 딸각 하는 단음. CD체인저가 판을 바꾸겠다고 한다. 베토벤의 피아노 소나타 '월광' 이 때맞추어 우리를 각자의 '어둔 방' 으로 이끈다. 현실의 맑고 환한 하늘과 우리 영혼의 깊은 바다 속 같은 회색빛 어두움과 몽환적인 음악 속의 달밤이 한데 어우러져 나를, 그를, 우리를 감싸돌며 취하게 한다. 그래! 우리는 모두 조약돌이다. 가라앉자! 가라앉자! 여지껏 닿아보지 못했던 우리 안의 저 아래 끝까지 내려가 보자. A와 B는 두 눈을 지그시 감고있다. 바람소리가 방해될까 조심스러워 창문을 닫아주었다. 이미 홍천은 저 뒤에 떨구었다.

심호흡을 크게 한다. 차곡차곡 개켜졌던 의식이 소리없이 현실 세계로 돌아온다. 곁눈질과 룸미러로 바라보니 A와 B도 눈을 뜨고 파묻혀 있던 자세를 고쳐 앉는다. 한적한 국도를 지나며 선루프를 열고 창문들을 모두 내렸다. 세찬 바람이 내 폐를 한껏 부풀린다. 이상하다. 지금 우리는 이 좁은 차 안에서 더할 나위 없이 자유스럽다. 그저 각자 자기 자리에 있었을 뿐인데… 베토벤은 그의 억눌린 사랑을 '열정' 소나타로 거침없이 내닫는다. 그 열정이 우리의 자유에 힘을 더해 새로운 의지까지 만들어 낸다. 뒤로 멀어져 가는 차들과, 어느새 눈앞에 다가온 아까 본 그 먼 산들과 아직도 저기에 그대로 있는 구름들……

마음에 응어리 된 모든 것들을 하나씩 손에 쥐고 휙 지나는 저 나무에 던져 버린다. 하나 또 하나. A와 B도 움직임은 없지만 눈에 힘이 들어간 것을 보니 그들도 열심히 던져 버리는 모양이다. 그래 던져 버리자. 설사 나중에 다시 이 길로 돌아올 때 이 모든 것들을 다시 주워 담게 되더라도 지금 가는 길에선 모두 버리자꾸나. 양양, 우리의 일부를 폐기처분 한 곳이다. 돌아 갈 땐 반드시 다른 길로 가리라.

12:30 PM.

한계령 휴게소 정상이다. 정상(頂上), '꼭대기' 의 다른 이름을 사람들은 알까? "내려가는 길의 시작점" 누가 우리를 이렇게 세뇌시켰을까? 오름은 성공이고 내려감은 실패와 좌절이라고. 커피 한 잔 외에 우린 딱히 할일이 없었다. 구불구불한 능선 저 아래를 바라보며 생각한다. 내려가는 길은 반드시 올라 간 길의 역순은 아닌 것이다. 오히려 내려가는 길이 더욱 아름다울 수 있는 것은, 더 많은 정경이 시야에 들어오기 때문이기도 하려니와, "보다 조심스럽고 신중하며 천천히" 라는 '겸손함' 이 마음에 자리 잡고 있기 때문일 것이다.

한계령을 치받아 올라 올 때 터져 주던 차이코프스키의 피아노 협주곡의 여운이 가라앉을 무렵, "갈까?" 하고 물었다. "그래, 이젠 내려가자." A가 대답했다. 비로소 A는 '내려' 가는 것을 받아들이려 하는 것이다. 점퍼 주머니에 두 손을 찔러 넣고 있던 B도 묵묵히 차에 오르며 어금니를 깨무는 것을 보니, "나도 준비되었다." 라고 말하는 것 같다. 시동을 걸며 하느님께 기도한다. 이 여행길에 특히 내리막 이 길에 저희와 함께 하소서.

내려가는 길이 아름답다고 하여 어찌 쭉 뻗은 길일 수만 있겠는가? 이리 쏠리고 저리 채이고 앞으로 밀리며 — 운전대라는 안전판을 잡고 있는 난 그런대로 중심을 잡고 버티지만, A와 B가 매고 있는 '희망과 의지' 라는 안전벨트는 그들의 몸이 좌우로 요동치는 것을 강력하게 막아 주지 못한다. 난 묻는다. "안전벨트는 맸나?" 운전대를 뺏기기라도 할세라 꽉 움켜진 채 물었다. 떼어 나눠줌과 생색내기의 차이……

요람이라고 여기는 곳에서 출발한 이후 우릴 찾는 전화가 없다. B는 아예 핸드폰이 없고 A는 받을 수만 있는 핸드폰이다. 나는 정상 핸드폰을 가지고 있지만 무통은 곧 불통과 다름 아니다. 다시 말해 우린 '한시적으로 잊혀졌다.' 이 가파른 내리막길에서 숨을 고르며 우린 같은 꿈을 꾼다. 이런 '일시적 유리' 가 아닌 '철저한 단절' 의 꿈을. 우리는 숨고 싶은 것이다. 사라지고 싶은 것이다. 우리를 숨막히게 압박하는 세상의 가치와 법칙과 우리를 비열하게 만드는 세상의 욕망과 그 터무니없는 요구로부터 벗어나고 싶은 것이다. 그리하여 마침내는 우리를 슬프게 하는 회한과 끝내 다하지 못 할 책임으로부터도 진정으로 자유롭고 싶은 것이다.

2:15 PM.

설악동 입구. "비선대까지만 갔다 오자." A가 제안한다. "그러자." 나와 B는 합창으로 대답하고 우리가 방금 내려 온 저 거인의 옆구리를 올려다본다. 어느 틈엔가 A가 입장권을 사들고 온다. 우린 누가 먼저랄 것도 없이 수 년 전의 무모했던 정열을 기억해 낸다. 등반에 대한 이해나 경험도 없이 오직 젊음과 까닭모를 자신감만으로

이 곳 설악동에서 저 쪽 오색까지 하루 만에 주파한 모험담을. 예상보다 훨씬 빨리 해가 져서 그야말로 불빛 하나 없는 낯선 산 속에서 당황하고 두려워하던 그 날. 가까스로 무사히 하산했을 때의 그 안도감, 끊어질 듯이 팽팽하던 긴장감이 전류가 흐르듯이 열 손가락 끝으로 빠져 나갈 때의 그 느낌과 털썩 주저앉음의 기억.

우린 묵묵히 설악을 오른다. 수학여행을 온 듯한 아이들이 선생님과 사진 찍는 모습이 여기저기에 정겹다. 난 A와 B를 뒤에 조금 떨구고 혼자만의 산행을 한다. 길 위의 수많은 크고 작은 돌맹이들을 바라보기도 하고 울창하고 빽빽한 나무들이 멋진 기사들처럼 도열해 있는 모습을 사열하기도 하며, 가끔씩은 잊지 않고 고개를 들어 하늘과 구름하고도 눈을 맞춘다. 그러나 무엇보다도 내 가슴 깊은 곳에 가냘프게 피어 있는 사랑을 온 마음을 집중하여 감싸 안는다. 20여년 만에 가까스로 다시 찾은 나의 사랑을 행여 부주의한 걸음으로 부서뜨리기라도 할까 보아 조심스럽게 한 걸음씩 내딛는다. 산을 오르며 나는 점점 그만큼 더 내 안으로 들어간다. 사람들의 발소리와 하이톤의 새소리마저 꿈결인 듯 멀어지더니 언제부터인가 나는 완전한 침묵 속에서 온전히 나만의 것이 되어 있었다. 나의 존재는 나의 사랑으로 충만하였다. 넘치기 위해서는 먼저 채워져야 하는 것임을 이제는 잊지 않으리라.

비선대. 선녀가 날아 오른 곳이라 하였던가? 찬찬히 둘러보니 가파르게 내려 꽂히던 폭포 같은 개울이 아담한 소(沼)를 이루고 그 앞에 깎아지른 듯한 기묘하면서도 웅장한 병풍이 휘둘러 쳐있다. 그 옛날 어느 달 밝은 밤에 아리따운 선녀가 목욕 후에 하늘로 오르던 그 모습을 우연히 보았던, 운 좋았던 그 사람은 누구였을까? 그는 이 험한 산 속 깊은 곳에 그 밤에 무엇 때문에 왔었을까? 사람들은 그의 말을 쉽게 믿어 주었을까? 사람에게 목격되었다는 것을 알고 난 선녀는 그 후에도 이 곳에서 목욕하곤 했을까? 상상을 하며 절벽을 위로 훑어가니 저 높이 오래된 소나무 가지에 하얀 무엇이 휘날린다. 당연히 태극기는 아닌데 선녀의 옷지락이라고 우긴들 무슨 상관이 있으랴?

얼굴과 등에 땀이 흠뻑 난 B가 비선대 휴게실 벤치에 털썩 주저앉는다. 낮술이라도 한 잔 걸친듯이 얼굴이 붉으스레한 B는 숨까지 몰아쉰다. 난 나를 위해 녹차를, B는 우리 셋을 위해 술을, A는 B를 위해 도토리묵을 시킨다. 산 위에서부터 불어 내려오던 바람이 마침 우리 앞에서 숨을 고르느라 시원한 바람을 선물해 준다. 술 마시는 사람은 같이 있는 사람이 술을 먹지 않으면 술맛이 없다고들 하던데, 내 친구 B는 그런 경지마저 넘어선 것인지 당연하다는 듯이 혼자 술을 마신다. 난 또 묻는다. "술이 맛있나?" 만약 그 옛날 선녀를 목격한 사람이 우리들 중 누구여야 한다면, 그는 틀림없이 B일 것이다.

술통 바닥이 드러날즈음, B의 목소리가 드디어 조금씩 커지는 것을 들으며 난 B의 고단하고도 신산한 삶을 안타깝게 바라본다. 인생 중에는 "행복이란 이렇게 사는 것이 아니다."는 것만을 보여 주도록 프로그래밍 된 것도 있을까? 속알머리가 다 빠진 B의 모습을 보며 아픔과 서글픔을 느낀다, 하필이면 이 곳 선계(仙界)에서.

5:30 PM.

비릿한 바다 내음을 맡으며 낙산과 하조대를 지난다. 낙산 해수욕장을 거쳐 지나가지 않은 20대 젊음이 얼마나 될까? 쓸쓸하다고 할 정도로 어떤 이름 없는 절벽 위에 호젓하게 서 있는 횟집. 바로 발밑에 넘실대는 바다가 보이는 낯설고 외딴 곳에서 우리는 우리만의 저녁 식사를 한다. 싱싱한 회 한 접시와 소주 한병으로 만찬은 넘쳤다. 그러고 보니 우린 오늘 참으로 과묵한 동행들이었다. 환청으로 들리는 철썩하는 파도 소리를 들으며, 우린 수줍은 손님들처럼 띄엄띄엄 말을 잇는다. 소주 한 병이 추가로 우리 식탁에 초대된다. 아무도 따라주지 않는 술을 B가 혼자 상대한다. 비선대에서의 알콜과 합쳐져 B는 드디어 자기가 원하던 곳에 다다른다. 그곳에서 그는 억눌린 분노와 억압에서 탈출을 감행한다. 잔잔해지던 바다가 흠칫 놀랄 정도의 고함을 지르고 한때 우리가 그토록 애용하던 'ㅆ'과 'ㅈ'으로 시작되는 육두문자가 거침없이 쏟아져 나오고 그리고 그무엇보다도 그는 자신의 생각을, 자신만의 주장을 울부짖는다. 오케스트라 하나쯤은 거뜬히 지휘하고도 남을 듯한 커다란 손동작으로, 질식할 것 같은 자신의 숨막힘에서 빠져 나오려 안간 힘으로 몸부림치는 B의 곁에서 나는, 부지런히 회나 쳐먹는다. A는 문득문득 혼자만의 상념에 빠지곤 한다. B는 자신도 살아 있음을, 자신도 큰소리로 얘기할 권리가 있음을 알리고 싶어서 취하는 것이다.

7:00 PM.

우리는 저마다 끙 소리를 내며 일어선다. 이제는 우리가 실종을 꿈꾸며 떠나왔던 각자의 사무실과 감옥과 무덤으로 돌아가야 한다. 어쩌면 우리가 기껏 바라는 것이란, 감옥으로 가는 자는 차라리 무덤으로, 무덤으로 가는 자는 차라리 감옥에서라도 살아남기를 소망하는 정도일런지도 모른다.

언제 해가 졌는지 기억이 없는 데 전조등을 켜고 달리고 있었다. 떠나올 때 말이 없던 우리들이 돌아갈수록 점점 더 무거워지는 가슴을 붙안고서는 무슨 말을 하겠는가? 이미 차안은 물론이고 차창밖으로 보여지는 모든 것도 어둠의 휘하에 떨어졌고 지나가는 차들이 쏘아대는 번개 광선만이 사물과 우리 셋의 실루엣을 얼핏 얼핏 보여준다. 지금 우리는 차라리 어둠에 몸을 숨기고 있는 것이 편안하다. 정나미 떨어지도록 성실하기만한 나는 또 다시 전방 주시에 충실하다. 조수석의 B는 음악을 지휘하며, 조금씩 썰물처럼 빠져나가는 알콜의 힘을 서러워하며 애써 취기를 놓지 않으려 과장한다. 바위처럼 무거운 B의 마음이 느껴져 마음이 아팠다. 돌아오는 밤길내내 우린 '조지 윈스턴' 의 피아노에 젖어 있었다. 풍경 소리인 듯 맑았다가 다정한 위로인양 포근하더니 천둥처럼 꺼이꺼이 울기도 한다. 나는 피아노 소리가 갈라지기 직전까지 볼륨을 올리고 한곡, 한곡 Repeat를 누른다. 그 누구도 시끄럽다 하지 않는다. 우리는 말을 잃어야만 했다. 룸미러로 바라본 A는 까만 차창 밖만 뚫어져라 바라본다. 그의 회한과 아픔을 아는 나는, 특별히 그가 좋아하는 곡을 세 번이나 Repeat해 주는 것 외엔 달리 줄 것이 없었다.

일부러 양양을 피해 멀리 딴길로 왔건만 밤은 점점 깊어가고 돌아갈 곳은 점점 더 가까워질 수록 분명히 버렸던 그 모든 것들이 어느 틈엔가 우리 속에 다시 자라나고 있다. 우린 아예 어금니를 꽉 깨문 채 입을 닫았다. 밀폐된 차 안에는 큰소리로 방출된 음표들이 마치 수조에 물을 채우 듯 이미 허리께를 지나 우리의 목까지 차올라 왔다. 환타지아에서 미키가 마법 건 빗자루를 지휘하다 물 속에 잠긴 것처럼, 내 옆의 B가 지금 그런 양상이다. 숨이 차긴 하지만 창문을 내리면 우리를 마취시킨 이 물이 순식간에 빠져나가 버릴 것을 알기에 우린 차라리 '조지 윈스턴' 에 익사하기로 한다. 난 고민에 빠졌다. 이제 얼마 남지 않았는데 더 빨리 가야 하나? 아니면 더 천천히 가야 하나?

9:30 PM.

강변도로. 지금 나는 혼자이다. 이상도 하지. 셋이 있어도 혼자였는데 지금은 왜 이렇게 쓸쓸한 것일까? 하느님, 그들과 함께 하소서. 난 지금 홀로인 채 여전히 '윈스턴' 만을 Repeat해서 듣는다. December…… 그 '끝' 을.

10:10 PM.

딩 – 동.

난 날 반기는 이가 있다.

멍멍! 멍멍!

한여름 밤의 꿈

전에 '당신의 밤과 음악' 이라는 라디오 프로에서 듣고 한참이나 웃었던 이야기다. 사람들이 밤이 되면 감정적으로 과장되는 경향이 있다는 것은 이미 잘 알려진 바이다. 특히나 열애(熱愛)에 빠진 사람들이라면 그 상태가 어느 정도일런지는 우리 모두 너무나 잘 알고 있음을 부인할 사람은 없을 것이다. 그래서 '편지는 밤에 쓰는 것이 아니다.' 라는 유명한 속설도 있지 않은가. 어쨌든 미국의 어느 웹 사이트에서는 새벽 1시 이후에 보내지는 전자메일들에 대해 일정 수준의 관문을 거치게 되어 있다는 이야기였다. 지나치게 흥분된 상태에서 기록된 편지가 그대로 발송된 후에는 아무리 후회해도 돌이킬 방법이 없기 때문이라는 것이 그 이유라고 한다. 우리가 아침에 일어나서 밤에 쓴 편지를 읽어보곤 스스로 낯부끄러워져서 보내지 못하고 휴지통에 버리며 그 편지를 부치지 않은 것이 얼마나 다행인가 하며 안도의 숨을 내쉬던 기억을 떠올려 보면 사이트 운영자의 그 섬세한 배려는 가히 감동스럽기까지 하다 해도 좋을 것이다. 그 관문이라는 것이, 편지를 쓴 이의 정신상태를 파악하기 위한 것이라는데, 예컨대 간단한 수학 계산문제라던가 아주 쉬운 상식문제 같은 것들이라 한다. 그 문제를 몇 개 이상 틀리면 그 메일은 발송되지 않게 한다는 것이었다.

그 이야기 뒤에 들려주는 음악을 들으며 난 곧 추억과 상상의 세계로 끌려 들어갔다.

「S는 도저히 누워 있을 수가 없었다. 눈만 감으면 줌-인(Zoom-In) 되듯 코앞으로 바짝 다가서는 그녀의 모습 때문이었다. 일어나 앉아 강아지 물 털 듯이 고개를 좌우로 털어 보지만, 오히려 그녀의 향기까지 풀풀 날리게 만들 뿐이었다. 환시(幻視)와 환각(幻覺)까지 있으니 이제 마지막으로 “S씨, 나에요!” 하는 환청(幻聽)까지 듣는다면 그는 정신분열증의 전형적인 증세들을 모두 갖춘 환자가 될 지경이었다. 그것은 그에게 치명적인 것으로서 의학을 더 이상 할 수 없다는 사형선고가 내려지게 되어 있기 때문이었다. 결국 그는 일어서고 말았다. 우리 안의 곰처럼 방 안을 몇 바퀴나 뱅뱅 돈 뒤에 결연한 표정으로 책상에 앉았다. 습관처럼 음악 방송을 틀고 컴퓨터를 켰다. 스르르 하는 컴퓨터의 부드러운 부팅 소리를 들으며 그는 턱을 괴고 창 밖 어둔 밤을 넘어 멀리 하늘을 응시하였다. 그는 자기가 자려고 누워 있는 중에도 자기 심장은 달리기라도 하였는지 의아해 하였다. 평상시 맥박을 훨씬 넘는 가쁜 리듬이었기 때문이었다.

그는 잠시 입술을 깨물더니 자판을 두드리기 시작하였다. 그렇게 능란한 손놀림은 아니었지만 한자 한자에 그의 마음이 모두 실리는지 또박또박 한 글자씩 정중히 모습을 드러내고 있었다. 그는 몇 번씩이나 도중에 멈춰 한 숨을 쉬었다, 숨이라도 차다는 듯이. 이미 수 킬로미터나 앞질러 저만치 가 있는 자신의 마음 끝을 따라잡으며 자신의 느린 타자 실력을 탓하면서 혹시 중요한 부분을 빠트린 것은 없는지 몇 번씩 다시 읽어 보곤 하였다. 벌써 몇 개피 인지도 모르게 담배를 피우고 있었다.

도대체 알 수가 없었다. 그녀는 분명 자신이 싫다고 말하지 않았다. 그렇지만 분명히 그만 만나야겠다고 말했던 것이다. 그는 확신하고 있었다. 자신이 그녀에게 끌린 것만큼이나 그녀 역시 자신에게 걷잡을 수 없이, 저항할 수 없이 끌리고 있었다. 도대체 그녀의 본심은 무엇인가. 그 부분에서 그는 더 이상 자판을 치지 못하고 일시 정지 버튼이 눌려진 화면처럼 열 손가락을 허공에 띄운 채 멈추었다. 그때 그의 사고(思考)도 얼음처럼 정지하였다. 마치 갑자기 돌변한 그녀의 싸늘함이 그를, 그의 뜨거운 마음을 훅 삼킨 모양이었다. 그러나 곧 그는 모든 불확실한 미망(迷妄)들을 도리질로 추방하고 다시 자판을 두드리기 시작하였다. 지금 중요한 것은 더 이상 그녀의 본심이 아니었다. 외교관과 정치인들이나 구사하는 이중어법의 실체를 파악하는 따위의 일로 지금 벌겋게 타오른 자신의 마음을 더 혼란스럽게 하지는 않을 것이었다. 오직, 그녀와는 달리 접어지지 않는 자신의 애타는 마음을 속히 그녀에게 전해야 한다는 초조감만이 우선 해결해야할 일일뿐이었다.

새까맣던 어둠에 어느새 희뿌연 기운이 스며들고 있었다. 몇 시간이나 자신의 애타는 마음과 속을 쓰리게 하는 그리움을 온통 뒤집어쓰고 앉아 있던 그는 마침내 편지를 마치는 구두점을 마지막으로 '탁' 하고 쳤다. 그리고 길고도 깊은 숨을 내쉬며 의자 속으로 묻히듯이 구겨졌다. 이미 식어버린 쓴 커피를 홀짝이며 마치 자신이 그 편지를 받아 읽어보는 그녀라도 된 듯이, 그는 자신의 장문의 편지를 천천히 읽어 내려갔다. 편지를 읽는 동안 그는, 그녀가 그래주기를 바라는 마음으로, 가능한 다정한 마음과 자세를 유지하였다. 긴

장되어 보이던 그의 표정이 편지를 다 읽고나자 다소 평안한 모습이 되었다. 아마 자신의 마음을 남김없이, 흘려버리는 일 없이 표현했다고 여기는 것 같았다. 어쩌면 그의 바람이 이루어지리라는 희미한 확신마저 드는 모양이었다.

그는 자세를 고쳐 앉고 머리 위로 두 손을 깍지 친 채로 허리를 쭉 폈다. 그리고 편지 발송을 명령하는 'SEND' 키를 눌렀다. 그런데 갑자기 그가 당황하였다. 이게 무슨 일이지? 하는 뜨아한 표정이었다. 컴퓨터 화면에 '지금 이 메일은 발송할 수 없습니다. 다음 질문에 대답해 주십시오.' 하는 문구가 나타났다. 그는 반사적으로 ENTER 키를 쳤다. 그러자 다음 화면이 나타났다. '대한민국의 수도는 어디입니까?' 그는 어서 빨리 편지를 그녀에게 보내야 한다는 생각에 답답하고 당황스러워졌다. "도대체 이겐 무슨 일인가?" 하며 그는 '서울' 이라고 쓴 뒤 급한 손길로 타다닥 여러 번 엔터 키를 눌렀다. 화면에 뭐라고 나타났는지 그의 얼굴이 약간 벌겋게 상기되었다. 화면엔 이렇게 쓰여 있었다. '답은 맞았지만, 엔터 키를 여러 번 누르셨으므로 흥분된 상태로 판단합니다. 이번 관문은 통과하지 못했습니다. 다음 질문에 대답해 주십시오.' 그는 옆에 있는 식은 커피를 냉수처럼 벌컥벌컥 마셨다. 아까부터 느껴지던 요의(尿意)마저 싹 달아난 모양이었다. '일년 치 달 수 곱하기 일주일 치 날 수는 얼마입니까? 5초 내에 대답해 주십시오.' 그가 갑자기 책꽂이에서 아무 공책이나 잡아 빼더니 막 휘갈겨 숫자들을 쓰는데 신경질적으로 보였다. 그때 컴퓨터에서 뚜, 뚜, 뚜 하는 시계음이 들렸다. 그는 빨갛게 달아 오른 얼굴로 무언가를 투덜거리며 '84' 라고 썼다. 입술 모양을 보니 욕을 한 것 같았다. 그리고는 엔터 키를 치려다가 멈칫 하고는 컴퓨터를 한 번 째려보았다. "이런, 우라X! 여러 번 치면 안 된다 이거지?" 그리곤 오른손을 머리께까지 들어 올렸다. 세게 내리쳤다. 딱 한번만, '쿵!!' 하고. 싸울 듯한 자세로 화면을 들여다 보던 그가 이번에는 귀까지 빨개졌다. 화면엔 이렇게 쓰여 있었다. '답은 맞았지만 자판에 가해진 충격으로 보아 현재 분노 상태이거나 이성이 명료한 상태가 아니라고 판단됩니다. 경고합니다. 귀하는 두 번째 관문도 통과하지 못했습니다. 마지막 관문마저 통과하지 못하면 본 메일은 발송되지 못합니다.'

그는 의자에서 벌떡 일어나 모니터를 멍하니 바라보았다. 아니, 이게 지금 도대체 무슨 일이 벌어지고 있는 것인가? 책상을 꽉 부여잡았던 손을 풀며 그는 다시 털썩 주저앉았다. '마지막 관문입니다. 행운을 빕니다.' 그는 출발선 상에 있는 100미터 달리기 선수처럼 사뭇 긴장한 표정으로 모니터를 주시한 채 두 손, 열 손가락을 털어댔다. 그러나 컴퓨터는 더 이상 진행하지 않은 상태로 빈 화면에 커서만 껌벅이고 있었다. 조급해진 그는 어쩔 줄 몰라 하며 얼굴을 모니터 쪽으로 가깝게 들이밀었다. 그러나 화면은 바뀌지 않은 채 상기되고 당황한 그의 얼굴만을 되비쳐 보여줄 뿐이었다. 그는 더 이상 기다리지 못하고 엔터 키를 눌러댔다. 그는 굉장히 오랜 시간인 것처럼 느꼈지만 실은 30초 남짓한 시간이 흘렀을 뿐이었다. 계속해서 화면에 아무런 변화가 없자 그는 거의 소리를 지를 뻔하였다. 그때 화면이 들어왔다. '이 마지막 관문은 최소한의 인내심을 확인하는 것이었습니다. 우리 인생에서 1분은 그야말로 찰나(刹那)라 할 만큼 짧은 시간입니다. 그 짧은 시간을 인내하지 못한 당신은 지금 매우 흥분된 상태입니다. 그러므로 귀하의 메일은 발송되지 못함을 알려드립니다. 다음 기회를 이용해 주십시오.' 그는 결국 소리를 지르고 말았다. "으악!" 그는 거의 이성을 잃고 미친 듯이 아무 자판이

나 부서질 듯이 두들겼다. 그러던 그가 갑자기 얼음처럼 모든 동작을 멈추었다. 잃어버린 무엇이 불현듯 생각난 사람처럼 그는 마우스를 이리 저리 옮겨가며 무언가를 뒤지기 시작했다. 그는 밤새 자기가 그토록 심혈을 기울여 쓴 편지 원본이 사라졌다는 생각에 미치자 정말로 미칠 지경이 되었다.

그렇게 컴퓨터와 씨름을 하기를 1~2분이 지났을까? 그는 화면에 나타난 문구를 보고 신기할 정도로 순한 양이 되어 심지어 모니터를 향해 꾸벅 절까지 하는 것이었다. '지금 귀하의 심정을 잘 이해하고 있습니다. 귀하의 메일은 우리가 안전한 곳에 잘 보관하고 있습니다. 그러나 계속해서 본 사이트를 공격하면 귀하의 메일은 영구 삭제 될 것입니다. 마지막 경고입니다. 지금 로그아웃 하시고 내일 다시 이용 바랍니다. 6시간 이후 로그인 시 자동으로 귀하의 메일이 뜰 것입니다. 그전에 로그인 하시거나 지금 로그아웃하지 않으면 귀하의 메일은 영구 삭제됩니다.' 그는 자기의 애절한 편지가 지금 당장 배달되지 못하는 아쉬움이 너무나 크긴 했지만, 자신의 절절한 편지가 사라져버리는 불행과는 비교될 수 없다는 것을 잘 알고 있었다. 만일 그 편지가 사라진다면 그와 같은 내용의 편지를 다시는 쓸 수 없는 것이기 때문이었다. 심혈을 기울여 고르고 고른 단어들, 스스로 생각해도 절묘한 문장들, 무엇보다 오늘 밤의 그 뜨겁고도 애절한 자신의 심정을 어떻게 다시 복원할 수 있겠는가.

S는 다행히 그날 저녁에 그 메일을 무사히 발송하였다.

그날 이후 S는 그 어느 때보다도 길고도 지루한 일주일을 보냈다. 일분 일분이 참으로 여삼추(如三秋)요, 하루 저녁 해가 떨어지기 까지는 조금의 과장도 없이 그야말로 영겁(永劫)이 걸리는 것 같았다. 뿐만 아니라 하루가 지날수록 시간의 흐름은 더욱 더뎌져 이러다간 그 시간이 오지 않는 것은 아닌지 하는 불안감으로 잠조차 제대로 이루지 못하고 있었다.

그 옛날 어머니가 풀 먹여주신 와이셔츠 깃처럼 팽팽하게 조여진 온 몸의 신경은 실제로 가끔은 끊어질 듯한 통증을 일으키기도 하였다. 틀림없이 봤겠지? 꼼꼼히 여러 번 읽어 봤겠지? 내 마음을 확실히 알았겠지? 편지를 보고 나서 그녀는 무슨 생각을 하고 있을까? 무슨 변화가 있을까? 그 날 그녀는 나올까? 안나오면 어떡하지? 아니야, 나올거야. 아니야, 나올 리가 없지. 아니야, 나올 수도 있어. 혹시 편지를 못 보진 않았을까? 저 이상한 메일 사이트 행태로 봐서는 보냈다고 말만 하고 안 보냈을지도 모르잖아? 평소 치밀하고 명석하던 S는 지금은 오직 저 몇 가지 생각만으로 온 뇌가 잠식 당해 다른 무엇도 생각하지 못하고 있었다. 당연히 소화도 안 되고 손에는 긴장의 표징인 땀이 언제나 배어나곤 하였다. 그는 언제나 뒤가 마린 듯한 상태로 하루 이틀 사흘… 그렇게 버텨내고 있었다. 오! 승리자인 시간이여! 마침내 오지 않을 것 같던 그 날이 도래하였다.

밤새 한잠도 자지 못한 채 S는 일찍 일어나 머리에 샴푸를 하고 세면을 하였다. 거울에 비친 모습이 다소 마른 듯해 보였고 지친 표정을 감출 수 없었지만 눈에는 빤짝빤짝 샛별이 빛나고 있었다. 그의 어깨 양쪽에는 불안과 희망이 똑같은 무게로 놓여져 있었다. 그는 의식적으로 희망이 놓인 오른쪽 어깨 쪽으로 고개를 돌리며 자신의 실루엣을 바라보았다. 그는 다시 정면을 바라보며 탁탁 손뼉을 치며 자기 최면을 걸었다. "모든 것이 잘 될 거야. S야 힘내자!"

그날 수업은 어떻게 진행되는지 그는 도통 관심이 없었다. 아무리

집중하려 해도 숨이 가빠지고 손에 땀이 나고 자꾸 뒤가 마려워지는 것 같아 정신을 차리지 못하였다. 그는 지금의 대학에 이르기까지 한 번의 결석이나 지각도 하지 않은 모범학생의 전형이었다. 대학생이 된 이후에도, 마치 대학생이라면 두어 번은 반드시 해보는 것이 최소한의 낭만이요 멋이요 특권이라도 된다는 듯이 여겨지고 행해지던 '대출(대리출석)' 도 그는 한번도 하지 않은 차라리 소심하다고 해야 할 학생이었다. 점심 같이 하자는 친구들도 마다하고 그는 교정을 헤매고 다니는 것으로 잔인하게 지루한 그날의 점심시간을 살아내었다. 빈속에 위산마저 과다 분비되어 속이 얼얼하고 싸한 통증까지 느껴졌지만 그에게 그것은 오히려 견디기 쉬운 형벌이었다.

오후 3시부터 6시까지의 수업은 화학실험 수업이었다. 강의실에서의 일반 수업보다 대출이 훨씬 어려운 상황이었던 것이다. 삼삼오오 조를 짜서 진행되는 수업이라 인원수 부족은 무디고 성의 없는 조교일지라도 금방 알아차릴 수밖에 없었던 것이다. 실습시간 한번의 결석내지 대출은 최악의 경우에는 즉 권총을 차는 것-F 학점-을 의미하고 한 과목의 권총은 의과대학 교칙상 무조건 일년 유급의 가혹한 현실에 떨어지는 것을 의미함을 그는 누구보다도 잘 알고 있었다. 그러나 그 모든 것은 S에게는 일주 전까지만 유효한 것이었다. 그가 나지막이 친구에게 대출을 부탁했을 때, 그 친구는 대출을 부탁하던 상습범이었음에도 불구하고 오히려 놀라며 그를 만류하기까지 하였다. "야, 걸리면 나도 끝이야. 난 잘못하면 따발총이라 즉시 다이(die)야. 너 갑자기 왜 그러는데? 날 봐서라도 이 시간엔 하지 마라, 제발." 그러나 그는 친구의 간절한 호소를 무시하며 말하였다. "만약 도저히 안되겠다 싶으면 대출하지 마. 그냥 결석 처리하게 둬."

그는 친구들이 수업에 들어가는 것을 보며 뒷걸음으로 과학관을 빠져 나와 사범대학 쪽으로 발걸음을 옮겼다. 그곳이 의과대학과 거리가 비교적 멀어 교수님들이나 조교들 눈에 뜨이지 않을 곳이기도 했고 잔디와 나무가 많아 쉬기에도 좋은 곳이었기 때문이었다.

지금은 3시. 그녀와의 약속, 아니 그가 일방적으로 통보한 시간은 6시였다. 그는 마음 같아서는 지금이라도 약속 장소에 가서 기다리고 싶을 뿐이었다. 그러나 그는 과연 치밀해서, 만일 그녀가 나오지 않는다면 자신이 그 레스토랑에서 기다려야 할 고통의 시간이 4시간 아니 어쩌면 6시간이나 7시간 이상이 될 수도 있다는 경우를 상정해서 차라리 거기 아닌 다른 이곳에서 그 고통의 시간을 최소한으로 줄이겠다는 비장함으로 쾅쾅거리는 심장을 하릴없이 달래고 있는 것이었다. 아! 희망이란 얼마나 잔인하고 무자비한 사기한(詐欺漢)인가. 실낱같은 희망마저 없다면 사람들은 그토록 무모하게 고통의 시간들을 인내하지 않아도 좋을 것이었다. 희망이란 크다고 해서 가치가 있고 작다고 해서 무시되지 못하는 것이다. 수억 분의 일의 희망이라도 우리 마음에 비집고 들어서는 순간, 그는 우리 존재 전체를 어우르고 다스리는 광포하고 막강한 독재자로 돌변하는 것이다. 다른 어떤 논리나 증거도 그저 막무가내인 그를 당해내지 못하고 마는 것이다. 그러나 또 한편 그 먼지처럼 작은 희망이 견디기 어려운 고통에 달디 단 위로를 베풀어주기도 하니 이것에 침범당한 영혼은 도무지 아무 갈피를 잡지 못하고 말 수밖에 없는 것이다.

아주 조금씩 시간의 모래시계가 빠져 나가는 가운데 S는 혹독한 마지막 시험을 치르고 있었다. 안 나올 거면 안 나오겠다고 답장을 하지 않았을까? 혹시 시간을 끌다가 어제 밤에야 보냈는데 내가 확인을 안 해서 못 본 것일까? 나오지 말라는 답장을 안 보냈으니 오겠다는 뜻이 아닌가? 이 부분에서 그는 드디어 처음으로 고개를 떨구었다. 그는 자신의 경험으로, 끝낼 때는 조금의 여지도 미련의 여지도 남겨 두지 않는 것이 최선이라는 것을 잘 알고 있다는 생각에 미쳤기 때문이었다. 그 역시 자신이라도 나갈 생각이 없다면, 아예 답장 같은 자비심은 발휘하지 않을 것이었기 때문이었다. 그러자 갑자기 밀물 같은 후회가 쓰나미가 되어 밀려들어 왔다. 그 날 메일 사이트에서 보내지 말라고 했을 때 그 편지를 보내지 말았어야 했다는 후회였다. 자신이 얼마나 초라해지고 비참해지고 우스꽝스러울지를 생각하니 눈앞이 깜깜해졌다. 날 얼마나 바보처럼 생각할까? 그 단순한 메시지, 난 그쪽 안 만나고 싶어요, 그 말을 이해 못하나? 그런 말도 못 알아듣는 사람이 대학은 어떻게 갔담? 유치찬란한 그 문장들은 어디서 카피했을까? 그냥 몇 번 웃어 주고 커피 한잔 했더니 자기를 좋아하는 줄 착각했나 보네? 웃긴다, 웃겨…….

갑자기 어디선가 들려 온 고음의 깔깔거리는 소리에 그는 화들짝 놀라 벌떡 일어서고 말았다. 사대 건물에서 나오는 일단의 여학생들이 환청의 근원이었다. 그는 한기(寒氣)를 느껴 사위(四圍)를 둘러보니 어슴프레 어둠이 내려앉기 시작하였다. “비참에 떨어지기 딱 좋은 시간이군.” 그는 독백을 뱉으며 가방을 챙겼다. 성큼성큼 정문으로 내려가는 그의 어깨가 눈에 뜨이게 왼쪽으로 기울어진 것이 석양빛을 받아 반짝거렸다.

신촌으로 가는 지하철엔 많은 이들이 그와 동행해 주고 있었다. 그러나 그에겐 아무 힘이 되어 주지 못하는 그저 타인들일 뿐이었다. 덜커덩거리는 전철의 리드미컬한 움직임에 맞춰 그의 마음은 빛의 속도로 약속장소로 달려갔다가 그보다 두 배의 광속으로 그 곳 전철 안으로 도망쳐 오곤 하였다. 시간이 흐르며 점점 신촌역이 가까워질 수록 왕복 거리가 짧아진 만큼이나 그의 마음의 요동은 더욱 빨라졌고 덩달아 맥박수도 가속도가 더 붙어가고 있었다. 만약 그때 우연히 나타난 친구라도 있어 그를 보고 술 한 잔 하자고 했다면 그는 그만 친구를 따라 내렸을 것이다. 인생(人生)에서 생기기로 되어 있는 일은 닥치기 마련인 것이다.

마침내 그는 신촌역에 내렸다. 어스름한 저녁 무렵, 어둠과 거리의 네온 싸인들이 만들어 내는 적당한 농도의 배색은 충만한 낭만 바로 그것이었다. 또한 대학가 특유의 활기참과 들뜸과 젊음들이 그 공간을 가득 채우며 퍼져 나가는 진동을 일으켜 시야에 보이는 모든 것이 아지랑이를 통해 보듯이 일렁거렸다. 그는 인파를 뚫고 약속 장소로 가며 생각하였다. '도대체 어떤 얼빠진 사람이 이 세상 절반은 남자, 나머지 절반은 여자라고 말했나. 지금 나에겐 나를 포함한 사람들과 그리고 그녀 이렇게 둘 뿐인데.' 약속 장소 간판이 눈에 보이자 그는 약간 가쁜 숨을 쉬며 중학교 땐가 고등학생 때 배운 이은상 선생님의 시조를 읊조렸다. 고지(高地)가 바로 저긴데 예서 말 수는 없다.

스완. Swan. 백조. 만나기로 한 레스토랑 이름이었다. 전에 그녀와 한 번 만났던 적이 있던 곳이었다. 작고 하얀 간판이 좋았고 그리 넓지 않으면서도 푸근함이 서려 있는 레스토랑이었다. 레스토랑의 자리들은 앉으면 다른 테이블이 보이지 않는, 다른 테이블에서도 우릴 볼 수 없는 딱 그만큼의 칸막이들이 마치 듬직한 보디가드들처럼 모든 테이블을 지켜주고 있었다. 그런 레스토랑에서 얼마나 많은 연인(戀人)들이 서툴고도 부끄럽고 설레는 첫 입맞춤들을 하였는지… 그의 친구들 중 소위 '둥이' P는 어느 레스토랑의 칸막이가 더 높고

조명이 어두운지를 꿰고 있기도 하였다. 데이트하러 가는 친구들에게 큰 인심이라도 쓴다는 듯이 자기가 확보한 그 중요한 정보를 넌지시 일러주며 등을 툭 치고 눈을 찡긋거려 주곤 하였다.

그는 드디어 자리에 앉았다. 아직 본격적으로 연인들이 몰리는 시간이 아니어서 대부분의 좌석들이 주인을 기다리고 있었다. 그는 한 바퀴를 다 돌아본 후에 한 곳에 앉았다. 고개를 돌리지 않아도 입구 문이 보이는 곳이었다. 커피 향이 가득한 그곳에 놀랍게도 이글스(Eagles)의 호텔 캘리포니아(Hotel California)가 흐르기 시작하였다. 그 곡은 그가 너무나 좋아해서 녹음본과 실황판으로 번갈아 한 테이프에 녹음해 놓아두었던 곡으로 아주 가끔은 거의 한 시간여를 그 곡만 듣기도 하였던 것이다. 그는 자신이 언제부터 '운명주의자' 가 되었는지 모르는 채, 그 노래와 기타 선율을 들으며 물었다. "이 노래가 나오는 것은 좋은 뜻인가 나쁜 징조인가?" 아직 6시가 되려면 15분여가 남아 있었고 가끔씩 문이 열리고 누군가 들어왔다. 그럴 때마다 그는 심장이 멎는 듯 하였지만 곧 쓰라린 실망에 고개를 돌리곤 하였다. 그는 아예 작정한 듯이 커피 한 잔을 주문하고 마치 아무도 기다리지 않는다는 듯한 자세와 몸짓으로 다리를 꼬았다. 그러나 내심의 결심과 작정과는 달리 눈은 사시(斜視)가 되어 문에 고정되어 있었다. 건너편 테이블에 있던 남학생에게로 조금 전에 들어온 여학생이 아니꼬울 만큼 나풀거리며 안길 듯이 달려가 앉았다. 그 정경이 그에겐 너무나 굉장한 무게의 모습으로 다가왔다. 사랑은 그렇게 쉽게 어디서나 이루어지는 것이 아니라는 것을 이제는 뼈저리게 느끼고 있었기 때문이었다. 심지어 그 연인들이 위대해 보이기까지 하였다. 그리고 사랑에 빠지는 이들에게 주어지는 행운은 그 기준이 무엇인지 누군가에게 묻고 싶어졌다. 호텔 캘리포니아는 아직 아무것도 가져오지 않은 채로 물러가고 다음 곡이 바통을 이어 받았다. 5시 52분. 거짓말처럼 그날 DJ의 선곡은 절묘하였다. 그에게서 어떤 냄새라도 맡은 것인지 알 수 없었다. I' ve been away too long. 난 그대와 너무 오래 떨어져 있었어요… 감정을 절제한 듯한 남자가수의 보컬이 아이러니하게도 더욱 그의 가슴을 후벼 떨리게 하였다.

이제 그의 머리 속은 하얗게 창백해져 있었다. 더 이상 아무 생각도 할 수 없었다. 5시 57분. 그는 판토마임 주인공처럼 생명력 없는 동작으로 쓴 커피 잔을 마셨다. 그런 상황 속에서도 소변이 마렵다고 칭얼대는 그의 육신이 그는 어처구니가 없었다. 그러나 그가 화장실을 간 사이에 그녀가 왔다가 그냥 가버릴 것 같아서 그는 자리를 비우지 못하였다. 6시 5분. 그는 커피 한잔을 더 주문하였다. 리필(Refill)을 부탁하려다 그래도 커피 두 잔 값을 내는 것이 눈치를 덜 보는 것이라 여겼는지도 모르겠다. 6시 11분. 문이 여러 번 열렸고 레스토랑에는 거의 빈자리가 없는 듯하였다. 그는 여전히 혼자였다.

그녀를 처음 만난 것은 본과 일 학년 1학기 종강 파티에서였다. 그의 학과와 E여대 사회사업학과의 '종빙고' (종강을 빙자한 고고팅) 자리였다. 신사동의 '바덴바덴' 이라는 제법 알려진 나이트클럽이었다. 입구에서 과대표가 나누어준 번호표를 받고 자리에 가니 아직 상대 자리는 비어 있었다. 한 달여의 힘들었던 시험을 마치고 홀가분한 마음이 된 그에게는 모든 것이 자유이고 설렘이고 희망이었다. 그래서 파트너가 누구라도 그는 전혀 개의치 않고 너그럽게 대해줄 생각이었다. 그러나 그것은 그만의 생각이었고 그날의 운명은 그에게 훨씬 더 관대한 선물을 준비하고 있었다.

커피 한 모금을 넘겼다. 6시 13분.

시간이 지나 여학생들이 우르르 들어올 때, 그리고 한 명씩 자기가 받은 번호표 테이블로 이동할 때, 이미 그녀는 그의 눈 속에 점처럼 박혀있었다. 그리곤 믿을 수 없는 일이 일어났다. 그녀가 그의 테이블로 김소월 님이 본 그 소녀처럼 그렇게 사뿐히 다가온 것이다. 그리고 기적은 사실로 확인되었다. "저… 43번인데요…" 어쩜 목소리도 그렇게 고울 수 있을까. 긴 시험을 치르느라 많이 지쳐있던 그가 한껏 물을 빨아올린 성하(盛夏)의 푸른 잎처럼 갑자기 생기와 활력이 넘쳐 큰소리로 인사하였다. "안녕하세요? 이리 앉으세요." 그가 영화에서처럼 테이블 반대편으로 재빠르게 달려가 의자를 빼주는데, 주위의 친구 녀석들이 부러움의 야유를 크게 보냈다. "우~!" 6시 14분. 삐거덕. 그녀가 아니다. 그날 그는 잘 추지도 못하는 춤을 한껏 신나서 추어대고 못 마시는 술도 호기 있게 마셨다. 워낙 유머도 풍부하고 말을 재미있게 하던 그였지만 그날 그는 자기 인생 최대의 매력을 한껏 발산하였다. 그녀는 고요하고 다정하고 부드러워 참으로 우아하였다. 그녀의 그 우아한 아름다움은 그의 생동감 넘치는 열정을 품듯이 빨아들이는 것 같았다.

6시 15분. 삐거덕. 그녀가 아니다. 그날 그녀와의 첫 만남에서의 압권은 헤어질 때 일어났다. 흥분과 기쁨으로 흠뻑 젖은 땀을 흘리며 그가 그녀에게 말했다. 화장실 앞에서였다. 그녀의 친구들 서넛이 그녀와 함께 있는데 그가 자신의 가방을 그녀에게 맡기며 말하였다. "화장실 갔다 올 때까지 Y씨가 맡아줘요." 그러자 그녀는 엉겁결에 그의 가방을 받아 들었고 그녀의 친구들이 그런 그녀를 보며 "어머~얘, Y야, 너 그래도 되는 거야?" 하며 하이톤으로 부러움 섞인 힐난을 그녀에게 퍼붓는 것을 그는 화장실로 들어가며 곁눈질로 보며 씨익 승리의 미소를 지었다. 그리고 그때 그녀의 뺨이 처음으로 붉어지는 것을 보며 그는 자신이 그녀를 사랑하게 될 것이라는 확신에 빠졌다. 6시 17분. 안 오는 것인가. 그가 화장실에서 나오자 친구들도 어디론가 가버리고 그녀 혼자 그의 가방을 둘러맨 채로 약간 화가 났다는 듯한 표정으로 서 있었다. 6시 18분. 그녀가 아니다. 그러나 그는 그녀의 표정이 진심이 아니란 것을 금방 알 수 있었는데 그것은 그녀의 입가 끝에 살짝 걸려 있는 예쁜 미소 때문이었다. 그녀의 그 아름다운 눈과 미소는 다시 볼 수 없는 것인가. 삐거덕. 6시 20분 그리고 10초였다…

난 지금도 '당신의 밤과 음악' 이라는 프로를 듣고 있다. 자신의 아들을 위해 작곡했다는 피아노곡 아리아를 프리드리히 굴다가 부드럽게 어루만지듯이 들려준다. 아련한 그리움에 젖었던 마음이 위로와 공감을 받는다. 따스함과 포근함이 가득찬 이 마음으로 하늘을 보며 기도한다. 저 S와 Y, 그리고 아직도 운영되고 있는지 모르는 그 사이트 운영자 그리고 혹시 그 관문에서 허덕대고 있을지 모르는 숱한 영혼들 모두가 행복해지기를.

따르릉

여보세요?

그러니까 그녀가 왔습니까? 안 왔습니까?

……

뚜뚜뚜뚜 뚜우.

편집을 끝내며 …

창작의 투혼으로 치열하게 작품 발표를 하여온《국제문예》문인들의 동인지 『둥지』가 어느덧 제4호 째를 맞았다. 《국제문예》 출신 문인들의 네 번째 산고(產苦)가 문향(文香)을 가득 실은 채 별빛 같은 영롱한 빛을 내고 있는 것이다.

『둥지』 제4호에는 박해수 시인을 비롯한 중견시인 17인의 詩作 166편과 이덕봉 박사를 비롯한 중견작가 4인의 수필작품 19편, 그리고 안광수 작가의 단편소설 2편 등 주옥같은 작품들이 이들 중견문인들의 순정한 땀과 노고로 탄생하여 독자들에게 선을 보이고 있다. 작품 한편, 한편마다 살아서 숨을 쉬는 듯 강렬한 임펙트를 던져주고 있으며 작품의 무게나 수준 역시 예년에 비해 뚜렷하게 높아졌음을 볼 수 있어(많은 문인들이 대학원 진학, 문학연구과정 참여 등으로 문학탐구를 계속) 동인지 참여 문인의 한 사람으로서 크나 큰 자부심을 느낀다.

아쉽게도 이번 제4호 발간에 참여의 기회를 놓쳐버린 많은 수의 작가와 詩人들도 내년도의 『둥지』에는 미리 준비를 하여 참여문인으로서의 기쁨과 자부심을 함께 하였으면 하는 바람이다. 우리들의 동인지 『둥지』는 한국문학의 보고(寶庫)로 그리고 한국문학의 내일을 선도하는 문예활동의 중심지로서의 역할과 사명을 결코 잊지 않을 것이다. 끝으로 우리들의 『둥지』가 오늘의 시대를 살아가는 모든 국민들에게 시원한 단비와 함께 해맑은 삶의 여정(旅情)을 건네줄 수 있기를 빌어마지 않는다.

2013. 10. 가을의 길목에서

국제문예 발행인, 시인 **배 용 파**